Claudio Neri

Brazil, a Great Deal!

BRASIL, UM GRANDE NEGÓCIO

CIP-BRASIL. CATALOGAÇÃO NA PUBLICAÇÃO
SINDICATO NACIONAL DOS EDITORES DE LIVROS, RJ

N364b

Neri, Claudio, 1973-
Brasil, a great deal : Brasil, um grande negócio / Christopher Neri. - 1. ed. - São Paulo : letras do Pensamento, 2022.
240 p. ; 21 cm.

Inclui bibliografia
ISBN 9786589344179

1. Empreendedorismo - Brasil. 2. Investimentos - Brasil. 3. Investimentos estrangeiros - Brasil. 4. Negócios. I. Título.

22-79277 CDD: 332.670981
CDU: 330.322(81)

Meri Gleice Rodrigues de Souza - Bibliotecária - CRB-7/6439

04/08/2022 09/08/2022

Claudio Neri

BRAZIL, A GREAT DEAL!

(BRASIL, UM GRANDE NEGÓCIO)

1ª Edição – 2022 – São Paulo – SP

Letrasdo Pensamento

Capa e Diagramação Miolo:
@armenioalmeidadesigner

Revisão:
Paulo Victor Freire Ribeiro

Editor:
Claudio P. Freire

1ª Edição - 2022 - São Paulo-SP

Letrasdo Pensamento

Rua Eduardo Prado, 28, Casa 1 -Vila Bocaina
CEP: 09310-500 - Mauá - SP
Telefone/Fax: (11) 3107-6501 - (11) 9-9352-5354
Site: www.letrasdopensamento.com.br
E-mail: vendas@letrasdopensamento.com.br

Impressão no Brasil

Dedico este livro a todas as pessoas que tiveram que lidar com perdas de amigos e parentes em virtude da pandemia do COVID-19. Embora o material vise estimular e oferecer uma visão otimista para o futuro do país, não há como não se lembrar daqueles que estiveram ao nosso lado e nos ajudaram a ser quem somos. A saudade fica, mas que essas perdas não sejam em vão, e nos fortaleçam para continuarmos lutando pelos nossos objetivos. Esses dias vão demorar a sair das nossas mentes, mas nunca nos esqueceremos dos que se foram.

Obrigado!

AGRADECIMENTOS

O agradecimento especial vai aos colaboradores desse livro, pois de imediato, ao saberem do tema, se prontificaram a oferecer suas percepções. Isso mostra a confiança no trabalho, mas principalmente a confiança no Brasil.

- Raul Corrêa da Silva (Chairman e CEO da BDO Brazil)[1]
- Fabrizio Rodrigues Maciel (Sócio diretor da Inception Consultoria e Pesquisa)[1]
- Ronaldo Loyola (Sócio de Capital Humano da Grant Thornton) [1]
- Dr. Gilberto da Costa Freitas (Owner na C R H)[1]
- Daniela Gebenlian, Empresária[1]
- Baiard Guggi Carvalho (Sócio proprietário da Alabama Consultoria Educacional)[1]

Agradeço também ao time da BDO, que contou com o esforço de Clair Antonia, Jussara Rodrigues, Priscila Balbino e suporte de Ramon Barrue-

1. Cargos na época da colaboração.

co, da G&A Comunicação, para que a participação de seu presidente neste livro fosse possível.

Por fim, mas não menos importante, agradeço ao Editor Cláudio P. Freire, que em uma simples mensagem de texto pelo celular, ao saber do material, abraçou a ideia e chancelou o livro com a tradicional marca de sua empresa.

O Autor

Claudio Neri

Empresário, consultor, escritor, palestrante, mais de 25 anos como sócio e diretor de empresas nos segmentos de Serviços, Finanças e Entretenimento.

Deste 2012 atua como consultor de marketing no ***EstúdioN*** ministrando cursos, proferindo patras, mediando Workshops, coordenando a elaboração de planejamento estratégico, assessorando empreendedores e empresas de vários segmentos no mercado, contribuindo com o desenvolvimento de soluções robustas e diferenciadas.

Desenvolveu projetos relevantes, resultando em cases vitoriosos e conquista de prêmios:

- **Coparticipação Prêmio VOLVO Segurança no Trânsito – Unilever - 2004;**
- **Prêmio Quality de Gestão – CMN Express – 2007;**

• Prêmio Programa de Bonificação de Performance (PBP) - Unilever – 2009;

• ***Mérito Literário*** no Melhor Projeto de Plano de Negócios de 2012 – ***Fundação Getulio Vargas*** (FGV–Strong) – *Publicado no anuário "Os Mais Relevantes Projetos de 2012". Com edição anual, esta publicação é distribuída aos executivos, bibliotecas e instituições de ensino do país, servindo de referência a profissionais de todas as áreas.*

• ***"Big Win"*** no projeto de "direcionamento de ações no mercado" – Ind. Farmacêutica (2014);

• Rating ***"Perfect 10"*** no projeto de "Identificação dos Atributos de Compra" – Multinacional de Pesquisa de Mercado para uma companhia global de saúde da pele (2016);

• Rating ***"Perfect 10"*** no projeto de "Imagem da Marca" – Multinacional de Pesquisa de Mercado para Indústria Farmacêutica Multinacional (2017).

Convidado pelo Professor Miguel Lima (Coordenador Acadêmico Executivo da **FGV Management**) para colaborar na disciplina "Jogos de Negócios" do curso de **MBA** da referida instituição.

Autor do livro O PLANO: Um GUIA para o EMPREENDE-

DOR montar seu PLANO de NEGÓCIOS e para o INVESTIDOR avaliar o empreendimento

Autor do livro "FILOGEMINISTRAÇÃO: O conceito", onde mostra com uma linguagem simples e provocante que, através da adoção de uma nova postura individual, podemos administrar as nossas vidas de uma forma muito melhor e mais abrangente do que fazemos atualmente.

Relacionamento comercial, participação e desenvolvimento de projetos para empresas multinacionais e nacionais de grande porte (pesquisa, marketing, consumo, varejo, alimentício, logística, saúde).

APRESENTAÇÃO

Este é meu terceiro trabalho (quarto, se considerar a participação e mérito literário na edição dos melhores projetos da FGV em 2012), mas penso que, diferente dos anteriores, que considero atemporais, este pode ser que venha a perder a sua utilidade em algum tempo, pois as oportunidades sempre são aproveitadas por aqueles que acreditam que essas existam e que em um dia, como uma mina de ouro amplamente explorada, sua oferta tende a findar.

Este livro visa justamente mostrar para aquelas pessoas que buscam excelentes oportunidades para ganhar dinheiro, viver bem e ser muito feliz, que o Brasil pode ser o lugar para tudo isso.

É um material preparado para pequenos e grandes investidores que querem alocar seus recursos em negócios promissores no Brasil ou em qualquer parte do mundo. Serve também para pessoas e famílias que, por qualquer motivo, pensam em deixar seus países (brasileiros ou estrangeiros com as mesmas ideias acerca de seus respectivos países) para tentar uma vida melhor no exterior.

Quem lê, pode pensar que existe um paraíso escondido na Terra ainda não descoberto, ou que o autor recebeu uma boa quantia para promover esse lugar.

Esse paraíso é sim o BRASIL, mas ele não está escondido. Ele está sob uma "densa névoa" que não permite a visão clara daquele que olha de longe ou até dos nativos (e são muitos), que estão no local, mas não conseguem enxergar por haver, além da "densa névoa", uma série de outros elementos agindo à sua volta que os leva a esse estado de "cegueira".

E não, não fui patrocinado por nenhuma entidade ou pessoa para escrever sobre isso. A ideia desse livro é oriunda de projetos internacionais particulares pretendidos por mim, os quais foram estudados, avaliados e que me levaram à conclusão de que o Brasil é, sim, o paraíso para se ganhar dinheiro, viver bem e ser feliz.

Foi por isso que decidi publicar um material para reflexão do leitor através de um conteúdo menos técnico, mais objetivo e promover a fácil e agradável leitura.

Quem conhece meus trabalhos, sabe da minha preocupação com base científica para ratificar o conteúdo escrito, mas dessa vez foi diferente.

Utilizei uma técnica chamada *desk research*, ou pesquisa de dados secundários, que é uma forma de levantamento de dados já disponíveis para consulta. Esse tipo de pesquisa pode ser feito de diversas formas, mas principalmente consultando e coletando dados já existentes em fontes diversas (e de fácil acesso).

"*Desk researches* são utilizadas para estudos dos mais diversos. Isso porque uma ***desk research*** não exige recursos, já que usa dados já disponíveis pela internet e em meios impressos".[2]

A razão principal pela escolha da técnica foi para facilitar a consulta do leitor. É diferente quando citamos um livro ou um artigo que não é disponibilizado facilmente e sequer é possível apurar se aquilo que foi colocado existe de verdade.

Outro objetivo que justifica a escolha da técnica é mostrar o tipo de comunicação oferecida no país, as respectivas consequências dessas matérias e, assim, ajudar você a fazer uma reflexão sobre esse modelo.

Voltando ao conteúdo colocado nesse material, a minha conclusão já é o título do livro. A parte bacana é saber o quanto a sua conclusão adere à minha após a leitura.

Entendo que faço a minha parte, como cidadão, ao mostrar o lado bom do país e ao cumprir o meu papel de replicador da informação e disseminador de oportunidades ao disponibilizar um material de consulta importante, independente e

---

2. Fonte: https://blog.opinionbox.com/desk-research/

com fundamento, pois foi longo o tempo investido no planejamento do meu projeto de viver fora do Brasil.

Para aqueles que pensam em investir em um excelente local para se dar bem (no melhor dos sentidos), poupe um bom tempo da sua vida buscando informações por aí, pois, através das minhas observações, será possível ter uma boa perspectiva das condições para empreender no Brasil e, no mínimo, gerar excelentes elementos para que você tire suas próprias conclusões.

O livro é dividido em três blocos de perspectivas. A primeira parte visa mostrar como se constrói a "fama" de nação desordenada; a segunda vai evidenciar os motivos pelos quais há pouco movimento em direção do desenvolvimento e, por último, a que abrange um breve, muito breve resumo das gigantescas oportunidades disponíveis em território brasileiro

Quando coloco "breve resumo", é porque seria impossível descrever todas as oportunidades, justamente por seu volume e, claro, também aquelas que das quais sequer tenho conhecimento, dada a minha limitação e envolvimento em determinados segmentos.

Portanto, não vou mencionar todas as áreas de atuação, mas se alguma dessas "esquecidas" for do seu interesse, pode investigar (sem necessidades de garimpar), que encontrará muitas oportunidades.

Na verdade, espero que nem chegue ao fim do livro para se convencer que o Brasil tem muitas oportunidades. Até por isso procurei ser bem objetivo, produzir poucas páginas para que a sua leitura possa ser realizada em até um dia.

Colaborações importantes de profissionais bem-sucedidos no mercado brasileiro também compõem esse material. Tudo pensado de uma forma para lhe dar aquele empurrãozinho que falta para investir no seu negócio aqui em terras tupiniquins.

"A pior cegueira é a dos que não sabem que estão cegos."

Clarice Lispector

“Aprendi que as oportunidades nunca são perdidas; alguém vai aproveitar as que você perdeu.”

William Shakespeare

SUMÁRIO

I

CARTA PARA O BRASIL

Este livro não tem prefácio, pois, pela característica da obra e a técnica utilizada para sua produção, acredito ser conveniente abri-lo com um texto[3] direcionado à ciência brasileira publicado pelo astrofísico americano Neil deGrasse Tyson no dia 30 de outubro de 2020 através de sua conta no Twitter. Mesmo sendo de conhecimento público e que provavelmente você até já o tenha visto, a leitura do texto reforça a perspectiva deste livro e tende a "baixar a sua guarda" com relação a tudo aquilo que já leu e ouviu sobre o Brasil, além de deixar seu campo de visão um pouco mais aberto para aquilo que vou expor aqui.

---

3. Fonte: https://www.haydenplanetarium.org/tyson/letters/2020-09-10-letter-to-brazil.php

"Caro Brasil,

Das minhas muitas viagens à América do Sul, nunca tive a oportunidade de visitar você. A maioria delas teve como destino a cordilheira dos Andes, com o objetivo de observar o magnífico céu do hemisfério sul através de telescópios de alta tecnologia de um consórcio internacional. Mas, mesmo assim, tenho pensado em você com bastante frequência.

Como nativo dos Estados Unidos da América, sei em que costumamos pensar quando se trata de você. Não seguindo uma ordem específica, você possui a maior e mais importante floresta tropical do mundo. Você abriga o maior rio do mundo, que, a cada minuto que passa, escoa para o oceano Atlântico um volume de água que daria para encher um estádio de futebol. E, sim, nós sabíamos da existência de seu rio e de sua floresta tropical muito antes de a Amazon.com pegar o nome emprestado.

Quer mais? Não há quem não goste de castanha-do-brasil. Na verdade, nos EUA, nós precisamos pagar pelo pacote "premium" para que elas venham incluídas em nossos mix de castanhas. E mesmo aqueles de nós que quase não acompanham futebol sabem da existência de seus times famosos, ficando na maior expectativa de ver você na final da Copa do Mundo a cada quatro anos. Também sabemos das suas praias deslumbrantes pelas músicas que as cantam – a "Garota de Ipanema" sendo uma delas. Sabemos de suas festas populares, principalmente o Carnaval, e tentamos imitar a intensidade e a alegria dessas celebrações – com dança e música – aqui no nosso hemisfério. Sabemos do seu café. E eu, particularmente, amo a sua bandeira. Há um pedaço do céu noturno estampado nela; mais de duas dezenas de estrelas retraçam constelações autênticas, incluindo o Cruzeiro do Sul.

Então, se você perguntasse a qualquer um de nós nos EUA o que vem à nossa cabeça quando seu nome é mencionado, normalmente selecionaríamos algo a partir dessa lista.

Você sabe do que nós não nos damos conta? Metade das vezes que embarcamos em voos domésticos, da American Airlines ou de outras companhias aéreas, viajamos num avião da Embraer. Tudo bem, o folheto com instruções de segurança traz impresso nele o nome Embraer. Nós podemos até achar Embraer escrito em letras miúdas em algum lugar da fuselagem. Mas quase nenhum de nós sabe que a aeronave é projetada e fabricada no Brasil. Você poderia alardear "Tecnologia Brasileira," mas não o faz. Por que não? A Alemanha não hesita em se gabar da dela. Nada mais justo, claro. Todo mundo conhece a qualidade dos produtos fabricados na Alemanha, que, por sua vez, permeiam sua economia aeroespacial, a terceira maior do mundo.

Mas, espere. Um dos grandes pioneiros nos primórdios da aviação era brasileiro. Engenheiro brilhante e inventivo, altamente condecorado, Alberto Santos-Dumont liderou a transição mundial do transporte aéreo mais leve que o ar para o mais pesado que o ar. O valor de uma semente cultural como essa, plantada no nascimento de uma indústria, é incalculável. Um século depois, você se tornou líder em tecnologias de biocombustíveis – um passo fundamental em direção a uma economia verde onde nossa harmonia com a natureza vai determinar se iremos prosperar, sobreviver ou nos extinguir. Você também possui uma ambiciosa agência espacial, além de ser a sexta maior indústria aeroespacial do mundo. Na América Latina, você também é líder em Tecnologia da Informação. E num país famoso por sua agricultura, quase um terço de sua economia se apoia num setor produtivo impregnado de tecnologia.

Então talvez seja a hora de o mundo saber mais a respeito disso. Talvez seja a hora de os brasileiros saberem mais sobre isso. Talvez esteja mais do que na hora de você exibir produtos que declarem: "Fabricado no Brasil."

Seja o que mais for, ou não, verdade no mundo, as economias de crescimento do futuro – mesmo as que possam ser puramente agrícolas – vão girar em torno dos investimentos feitos hoje em ciência, tecnologia, engenharia e matemática. Numa democracia, esses investimentos fluem de um eleitorado letrado cientificamente, que elege líderes esclarecidos e que entendem o valor da educação, das pesquisas e das descobertas. Sem essas perspectivas, ainda estaríamos vivendo em cavernas, com alguns de nós resmungando: "Você não pode explorar o mundo exterior. Primeiro precisa resolver os problemas da nossa caverna."

Para que ninguém se esqueça, o primeiro (e único) astronauta sul-americano foi um engenheiro aeronáutico brasileiro. E quando se deu o lançamento de sua missão? Em 2006, ano do centenário do primeiro avião bem-sucedido de Santos-Dumont. E o que ele levou para o espaço? Uma bandeira do Brasil e uma camisa da seleção brasileira de futebol.

Os países que mais passam por dificuldades no mundo tendem a ser aqueles com baixos níveis de instrução e com ausência de STEM[4] em sua cultura. Você tem os recursos e o legado para liderar toda a América Latina, se não o mundo, no que um país do futuro deveria ser—no que um país do futuro deveria aspirar a ser.

Se você abraçar e apoiar suas indústrias STEM – e o setor de tecnologia inteiro – então os sonhos dos alunos em toda a cadeia educacional não terão limites, conforme eles forem introduzidos num mundo em que foguetes são o que alimentam as ambições das pessoas que saem pela porta da caverna.

Atenciosamente,

Neil deGrasse Tyson

Estados Unidos da América"

4. Sigla em inglês para Ciência, Tecnologia, Engenharia e Matemática.

II
INTRODUÇÃO

A única coisa que vou lhe pedir antes de iniciar a leitura deste livro é: baixe a guarda! Você precisa se permitir receber informação diferente do que está acostumado a ler e ouvir, que pode lhe causar estranheza; por isso usei artigos, declarações e citações além das minhas percepções para fazer você refletir sobre o quão alienados estamos e o quanto isso pode prejudicar os nossos negócios e até uma nação.

Quando a pessoa opta por investir em algo, sempre aguarda um retorto positivo. No entanto, é comum surgirem inúmeras dúvidas.

Quando se trata de um empreendedor local, um artigo da Revista Exame, elenca ***"as quatro principais barreiras que inibem a pessoa de abrir uma empresa no Brasil"***. São elas ***"burocracia, impostos, logística e mão de obra"***[5].

---

5. Fonte: https://exame.com/pme/os-4-principais-obstaculos-pa-

Será?

Já para investidores estrangeiros, um artigo do Jornal Contábil aponta ***"por que o Brasil assusta tanto empresas estrangeiras"***[6]. Na verdade, as razões são as mesmas percebidas pelo empreendedor local, principalmente no âmbito tributário (considerado de difícil compreensão), adicionando mais dois outros elementos: a percepção de insegurança jurídica (oriunda de suas decisões judiciais conflitantes) e o cenário político (considerado complexo e acirrado).

Será?

Independentemente da sua posição, com essa percepção inicial, é muito mais fácil você desistir do investimento do que arriscar, não é?! Se você for mais determinado e quiser insistir com "essa ideia maluca", provavelmente agirá de duas formas:

1. Os mais experientes fazem pesquisas para diminuir essas incertezas e seguem rigorosamente suas análises para tocar o planejamento.
2. Muitos querem investir, mas sequer sabem onde colocar seus recursos. A única coisa que sabem é que querem ter sucesso nesse inves-

---

ra-abrir-uma-empresa-no-brasil/

6. Fonte: https://www.jornalcontabil.com.br/por-que-o-brasil-assusta-tanto-empresas-estrangeiras/

timento (ou aventura). Nesse caso, geralmente surge o "vamo que vamo" e aí vem o "seja o que Deus quiser".

Pode haver também uma combinação das duas situações. Foi o que aconteceu comigo. Decidi: vou me mudar para Itália!

Com mais de duas décadas de experiência como empresário, atualmente me sentindo bem seguro quanto às minhas convicções devido aos bons resultados da minha consultoria de marketing para multinacionais por outros dez anos (somando aí mais de 30 anos), em um determinado momento entendi que era a hora de respirar novos ares (literalmente).

Sem falar italiano, sem pessoas conhecidas, nenhuma noção territorial e cultural (inclusive de consumo), enfim, apenas com os passaportes italianos em mãos. Por mais planejamento que se tenha, não dá para dizer que é uma decisão que não dependa de um pouco do "seja o que Deus quiser".

Vou contar uma historinha rápida para você entender o início dessa coisa toda. Começando pelo fim: a ideia era mudar para a Europa, mais precisamente para Milão (Itália) e lá abrir loja no segmento de moda feminina, pois minha esposa sonha em trabalhar com isso...

Aí você me pergunta: mas ora, por que precisa ir para Milão para realizar esse sonho da patroa?

É porque, junto com esse sonho, vem o outro sonho: o de morar fora do país. Eu, particularmente, acho que o mundo é muito grande para nascermos, vivermos e morrermos em um único local. Precisamos vivenciar experiências e culturas diferentes para que nossa passagem na vida tenha valido a pena.

Minha esposa tem um ótimo cargo e um belo salário em uma multinacional; no entanto, após mais de 25 anos trabalhando na área, começam a surgir os sintomas da rotina. Reclamação, estresse, mau humor e as frases "estou no lugar errado!"; "queria estar trabalhando com moda!"; "não aguento mais isso!".

Na verdade, ela adora o que faz e vibra com suas conquistas pessoais e da sua equipe de trabalho, mas as pessoas precisam aliviar suas tensões. É uma carga de trabalho intensa, com cobrança por resultados, e isso vai desgastando. É preciso ter uma válvula de escape e muitos optam por hobbies como ferramentas (ou remédio) para melhorar isso.

Claro que tentei melhorar a situação colocando panos quentes e a lembrando da boa posição social e econômica que aquele trabalho lhe proporcionava.

Foi aí que veio o golpe...

Em um belo som "*surround* 5.1, Dolby Digital" através de "saídas áudio com alto-falantes JBL MG-

1000 watts" (no caso, a boca dela), ela me respondeu: "Você não realizou seu desejo de abrir a consultoria? Ué, também quero poder trabalhar com algo que eu gosto..."

Pensei: ***"ela precisa de um alívio".***

Em 2010, terminei o processo de "downsizing" na minha carreira, ou seja, com empresas com centenas de funcionários na capital e no interior de São Paulo e no Rio de Janeiro, passei a trabalhar sozinho em um escritório.

A patroa sabia do meu desejo por esse alívio de carga, pois eu já havia externado isso há muito tempo, antes do fato ser consumado. Eu só não sabia que ela, um dia, faria meus cabelos esvoaçarem ao falar "delicadamente" que também gostaria de ter seus desejos realizados...

Sinceramente, acho que as pessoas DEVEM realizar os seus desejos, ou pelo menos tentar realizá-los. A vida tem que chegar ao final com a sensação de que você buscou seu objetivo, buscou sua felicidade!

Então, em meados de 2016, passaportes italianos nas mãos, resolvemos: vamos para a Itália!

Seriam quase 3 anos de planejamento e decisões importantes (imagina como seria a mudança em 2019 e em 2020 com a chegada da pandemia da COVID-19).

Bom, o sustento era previsto para ser oriundo de algumas economias até a maturação de empresas que abriríamos lá (comércio varejista ligado a vestuário para ela e eu continuaria com a consultoria, mas também muito empolgado para atuar em outros projetos para os quais, supostamente, teria mais tempo para realizar de lá).

Havia outras coisas envolvidas. Escola, língua, família, adaptação etc. Eram vários pontos a serem colocados sobre a mesa para análise.

Além disso, teria que fazer o planejamento especifico dos negócios (no plural)... é um baita trabalho. Se já dá trabalho montar um negócio no seu país de origem, imagine fazer avaliações de um local distante e desconhecido.

Se é isso que queremos, temos que fazer... então, vamos lá!

Um dos primeiros passos que dei foi procurar artigos relativos ao país que escolhemos para viver nesse futuro próximo. Enquanto minha esposa focava no atoleiro de obrigações do seu trabalho e conseguiu um tempinho para aulas de italiano, eu começava a fazer uma coleção de informações para direcionar as minhas ações.

Em uma dessas pesquisas surge um blog em que uma pessoa relata sua experiência na Itália e os pontos negativos e positivos de viver lá. Um conteúdo que eu diria ser "mais do mesmo", isto é, sem novidades.

No entanto, o que me chamou a atenção foi um texto deixado por um dos leitores do blog.

Aqueles "comentários" que ficam logo abaixo do conteúdo publicado pela página.

Pois bem, não lembro muito ao certo, mas o texto dizia algo parecido com: ***"a pessoa só vai para outro país quando está ferrado. Se a pessoa está bem de vida, não sai do Brasil para se aventurar, sofrer com dificuldade e preconceito em outro lugar"***.

Aquilo me fez pensar. Embora a ideia fosse ir com recursos e "sem depender de favores", ele tem alguma razão. Sempre tem algo intrínseco ao que você está buscando (ou de que esteja fugindo...).

Realmente estávamos fugindo do estresse do trabalho, da suposta falta de tempo para vivenciar novas experiências e sempre com um discurso que justificava a aventura com a questão de "educação" que seria ótima para os filhos, da "segurança" que não é legal no Brasil, da "corrupção"... enfim, a lista é grande, ou seja, tudo aquilo que é exaltadamente divulgado pelos meios de comunicação.

O importante destes últimos parágrafos acima é chamar a atenção do aventureiro que quer deixar o país sem fazer essa reflexão.

Um segredinho: lá no fundo, a gente sempre achava que, com essa decisão, iria poder viajar, conhecer outros lugares e ter uma vida mais tranquila. Percebeu um certo "ar de férias"?

Pois é! Um pensamento desse tipo não é aderente a quem quer abrir um negócio e sobreviver em território desconhecido. Quando falamos em "recursos", essa palavra envolve o dinheiro, o tempo e a disposição para fazer a coisa acontecer. São variáveis interdependentes para o sucesso de qualquer negócio (em qualquer lugar do mundo).

Então, a primeira grande missão era mudar esse nosso *mindset*, focar no negócio e pensar como investidor.

Com essa mentalidade, passei a analisar cenários de forma profissional e sem a interferência da emoção. Exatamente como se fosse um projeto para os meus clientes.

Continuei minhas pesquisas e me deparei com uma outra grande pergunta: ***"Por que havia tanta gente querendo sair do país, tantas notícias de que um número crescente de dólares toma o mesmo rumo e o medo de investidores trazerem suas empresas para cá?"***

É bem provável que as respostas estejam naqueles dois artigos que mencionei no início do texto e em outros tantos que os jornais publicam rotineiramente, acerca de investidores que saem do Brasil em busca mercados que, teoricamente, são mais atrativos, do crescente índice de desemprego que motivava aventuras do nosso povo para países "desenvolvidos" e por aí vai (isso porque, no início de 2016, a taxa básica de juros estava 14,25% ao ano – quer mais atratividade que isso?).

Com o passar do tempo, minha avaliação técnica me intrigava, pois o que estava percebendo não era aderente às publicações descritas aqui. Claro que me questionava e pensava que eu poderia estar errando em algo, pois a minha impressão também era exatamente desse jeitão que descrevi.

Por fim, a conclusão a que cheguei é de que "é no Brasil que estão as grandes oportunidades!"

Se você quer fazer fortuna, esse é o lugar certo!

Brazil, a great deal!

É isso que eu conto para você a partir de agora. Um livro menos técnico e mais narrativo para descrever essa minha conclusão. Até porque a decisão depende mais de reflexão e discernimento do que de uma análise (teoricamente técnica), pois a base de informação disponível é volumosa e enviesada.

A intenção é provocar você, fazer com que reflita com os pontos que coloco neste livro.

Não se limite a interpretar o conteúdo a cada ponto final de parágrafo. Aprofunde-se no pensamento, questione-se e complemente suas percepções através de suas pesquisas pessoais. Dessa forma, você será capaz de enxergar através da "nuvem turva" que existe e entender que essa névoa não é algo natural, mas uma fumaça artificial provocada por aqueles que querem usufruir da riqueza brasileira de forma quase que monopolizadora.

Ah, se eu desisti de morar fora? Não! Entendi que posso viver lá de outra forma que não seja abrupta e traumática. Nada me impede de continuar fazendo meu pé de meia aqui e viajar para lá quando e como eu quiser.

Investir também! Por que não? Mas, hoje, tenho certeza de que, ao comparar a possibilidade com a do Brasil, investir lá seria mais para diversificar operações e investimentos do que para fazer dinheiro.

Detalhe importante: fiz um parâmetro com a Itália nesse início, mas são análises que se estendem para toda a Europa e até para os EUA. Por isso fiquei surpreso com o resultado e imediatamente me veio o desejo de compartilhá-lo com as pessoas.

Pois bem, aqui está uma breve obra, direta, objetiva, de fácil leitura e interpretação e sem intenções econômicas ou políticas do autor. A ideia é expor minha experiência para que, de alguma forma, ajude você, que quer sair do Brasil, a pensar melhor; encorajar o empreendedor; e propor ao investidor estrangeiro que procura um lugar promissor, cheio de oportunidades lucrativas, para pensar com carinho e verá que alocar seus recursos no Brasil é um grande negócio.

Boa leitura!

III

UMA TERRA DE ÍNDIOS, SAMBA, MULHERES E FUTEBOL

Fazer uma autoanálise foi um fator fundamental para eu "decretasse" que o Brasil é realmente a melhor opção para se fazer negócios. Uma reflexão sobre as características do nosso povo vai fazer com que você praticamente descarte o restante do conteúdo do livro e perceba quantas oportunidades são desperdiçadas e outras tantas que ainda estão disponíveis, mesmo com tanto "desprezo" local.

Vamos lá! Começando com um exemplo bem básico. O mundo conhece o brasileiro como um povo feliz, festeiro e receptivo. Uma característica rara mundo afora. Quando um gringo chega ao país, fazemos de tudo para ele se sentir confortável e feliz, afinal de contas, ele veio aqui para ver índio, samba, mulheres e futebol.

A receita segue um ciclo vicioso e engessado no qual achamos que os estrangeiros só buscam isso e, por consequência, é isso que oferecemos a eles. Logo, ele volta e propaga que "é muito legal o que viu" (pois era o que ele estava procurando) e acaba replicando isso aos seus compatriotas que, ao saberem da informação, querem buscar o mesmo e o mesmo e o mesmo...

Eu te pergunto: e só temos isso?

Não! Somos um país corrupto e inseguro também! Não é?!

Quem teve a oportunidade de assistir o 15º episódio da 13ª temporada do seriado de animação "The Simpsons", no qual a família viaja para Brasil e relata a "aventura" com sua tradicional receita de satirizar a maneira como as pessoas vivem (potencializando as características)? Quem viu, vai lembrar e notar a visão que se tem do Brasil lá fora.

No referido episódio, colocaram futebol e samba em quase tudo, além de índios, favela com enxurrada de ratos e até o sequestro do personagem Homer Simpson, que só se livrou mediante o pagamento de resgate.

Isso posto, deixa-me abrir um parêntese: você já deve ter ouvido falar da sigla "IPO", que em inglês significa "Initial Public Offering" (em português, Oferta Pública Inicial), o termo utilizado quando uma determinada empresa coloca suas ações à venda pela primeira vez na bolsa de valores.

Legal! Voltando ao nosso exemplo, indico aqui três pontos importantes (que detalho melhor lá na frente), a serem observados e que também vou chamar de "IPO", pois além de ser um acrônimo para batizar os tópicos, não deixa de ser também uma oferta tentadora de oportunidades:

A. Em primeiro lugar, destaco o "prazer" do povo brasileiro, a sua verdadeira predileção pelo gênero "terror" na TV (**IMATURIDADE**);

B. Depois, chamo a atenção para o segundo ponto, para que você perceba que o referido exemplo é decorrente de falta de investimento, pois autoridades avaliam como satisfatória a forma como o setor "está levando bem a vida" do jeito que está (**PASSIVIDADE**);

C. Perceba (na história do turista), que já estamos perdendo o "turismo família" quando "abraçamos" o conceito anterior, ou seja, o estrangeiro vem para programas "de solteiro" e perdemos a chance diversificar e até multiplicar a entrada de moeda estrangeira no país, aumentar faturamento das operadoras e toda sua cadeia (**OPORTUNIDADE**).

São variáveis importantes e interdependentes, ou seja, atuam ao mesmo tempo e se estimulam simultaneamente, formatando o que temos hoje como aquilo que define boa parte do "perfil" desse país.

A. IMATURIDADE

Vou começar com uma reportagem do portal UOL de 12/01/2021, cujo título é: "Vale a pena abrir um negócio no Brasil?"[7]. O UOL é uma empresa brasileira de conteúdo, produtos e serviços de Internet e ocupa a terceira posição de sites mais visitados da Internet no Brasil, atrás do Google e do Facebook[8].

Descrevi as características do portal para enfatizar o seu poder de comunicação; se esse portal tem todo esse potencial de comunicação, concorda que tende a ser um grande influenciador? Ainda mais quando estamos falando de brasileiros (essa colocação eu explico já).

Pois bem. Na referida matéria são abordados pontos comuns e já bastante presentes nas cabeças dos brasileiros, isto é, não há novidade nenhuma do que se colocou nesse conteúdo publicado no início de 2021 em relação a outros artigos de cinco, dez, quinze anos atrás.

Ora, não houve nenhuma evolução nesse período? Claro que houve, mas um bom "terror" é o que gera mais *likes*.

---

7. https://economia.uol.com.br/colunas/econoweek/2021/02/12/vale-a-pena-empreender-no-brasil.amp.htm

8. Fonte: https://pt.wikipedia.org/wiki/Universo_Online

Analisando o conteúdo da matéria, temos como primeiro ponto abordado a "BUROCRACIA", quando a reportagem afirma que "o Brasil é conhecido por excesso de processos desencontrados que dificultam a vida de quem quer empreender" e cita o exemplo de um imóvel corporativo que levou 529 dias para ser regularizado.

Meu Deus! De onde tiraram isso?

Claro que há exceções, projetos enormes que demandam licenças ambientais, entre outras tantas que existem, sim, mas fazer da exceção uma regra é terrorismo.

Abri a minha empresa de consultoria no ano 2012 em 30 dias e já estava emitindo nota fiscal de serviços no dia seguinte!

Abri a empresa da minha esposa (um comércio no ramo de confecção) em UMA SEMANA!

Os pequenos empreendedores precisam ter essa percepção. Os grandes investidores conhecem os passos de um projeto gigantesco e sabem que são demorados e demandam aprovações externas e internas (inclusive de seus conselhos).

A gente tem uma mania de fazer da exceção a regra. Pelo simples fato de que ela é mais chocante, gera mais impacto e, consequentemente, mais evidência (mais *likes*).

Faço um paralelo com minha prestação de serviços de consultoria. Já tive alguns projetos que levaram mais de quatro meses para serem aprovados, tamanha era a quantidade de departamentos e pessoas envolvidas. Detalhe: dentre as empresas, nenhuma era brasileira. Lembro de dois casos recentes envolvendo uma empresa americana e uma suíça.

Portanto, processos e demandas vão sempre existir e serão maiores ou menores de acordo com a complexidade do projeto. Não dá para carimbar uma empresa ou um país como "burocrático" sem especificar o porquê disso. Estamos sendo papagaios, repetindo o que é fácil de ser digerido e/ou difícil de ser questionado, pois já está embutido na cabeça das pessoas.

O segundo ponto que destacam na matéria é a "PREVISIBILIDADE". Nessa abordagem, comparam os direitos trabalhistas que um empregado com carteira assinada tem (como salário fixo, direito a férias, fundo de garantia e décimo-terceiro salário) com o empreendedor que não os têm.

Pera lá! O que isso tem a ver com o Brasil? Qualquer empreendedor, de qualquer parte do mundo que queira empreender e que esteja empregado, vai ter que fazer essa reflexão sobre o abrir mão dessa "previsibilidade".

Detalhe: eu, particularmente, não vejo segurança nenhuma quando seu destino está nas mãos de uma ou duas cabeças (seus chefes, como mencionado), isto é, pensando friamente, é melhor você empreender e ter vários clientes, trabalhar nessa dança das cadeiras (perde e ganha de clientes), aprender com seus erros e continuar trabalhando, do que ser vítima da gestão desastrada de um terceiro ou uma eventual crise do setor (ou do humor do seu chefe).

E outra. Um empreendedor de grande porte (aquele cujo projeto demanda 529 dias) não está preocupado com salário, emprego etc.

Você, meu amigo que lê isso agora, percebe o sensacionalismo da coisa?

Nego-me a escrever mais sobre isso! Confio no seu discernimento.

O terceiro ponto abordado é o "RISCO". Nesse tópico, a matéria destaca dados de entidade brasileira (Sebrae - Serviço Brasileiro de Apoio às Micro e Pequenas Empresas), segundo os quais cerca de 24% das pequenas e médias empresas fecham suas portas antes de chegarem a dois anos de atividade.

O IBGE (Instituto Brasileiro de Geografia e Estatística), com dados de 2017, afirma que seis a cada dez empresas fecham as portas em cinco anos de atividade. Vou ser um pouco mais pessimista aqui, pois devemos levar em conta aquelas pessoas que ficaram tão desgostosas com o fracasso que sequer fizeram os procedimentos burocráticos para homologar a inatividade (avisar os órgãos competentes de que encerraram suas atividades). Logo, há chances desse número ser um pouco maior.

Mas lhe pergunto: O que isso tem a ver com o Brasil? O que isso tem a ver com você?

A reportagem e as demais entidades de apoio ao pequeno empreendedor sabem qual é a razão disso. A falta de planejamento e preparo do empreendedor. No "vamo-que-vamo", é muito difícil alguma coisa dar certo.

Eu já escrevi um livro sobre o tema, e há uma infinidade de outros títulos que podem ajudar nesse ponto. No livro "O Plano" de minha autoria, chamo a atenção sobre a importância do empreendedor se dedicar ao planejamento, estudar bastante, valorizar seu tempo e dinheiro para não se dar mal. No entanto, destaco um detalhe fundamental em que muitos acabam errando, principalmente os pequenos e novatos empreendedores: o quesito "coleta de informação".

Quando você pensa "vou fazer um planejamento", não use a base de dados que tem na sua cabeça. Você precisa coletar dados reais de mercado, inclusive para comparar com as suas impressões particulares. No livro "O Plano", faço a analogia com uma pipa. Quando você é criança e faz uma pipa, ela só vai subir se houver ventos favoráveis e se a sua construção seguiu critérios mínimos para que tenha um bom peso, o enquadramento perto do perfeito para que não fique pendendo para um dos lados e consiga alçar voo com facilidade. Quando você é adulto, sua pipa fica adulta também e se torna um PIPAO.

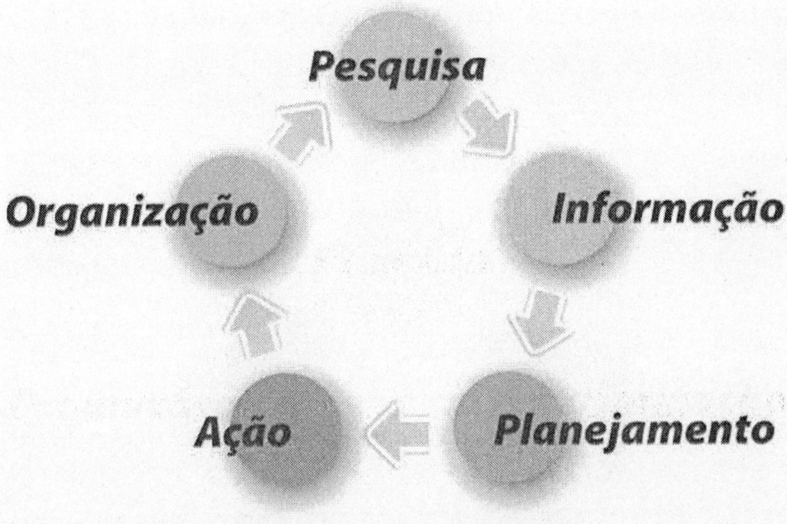

Pesquisar para gerar ***Informações*** precisas para ***Planejar*** eficientemente e ***Agir*** de forma ***Organizada*** em um ciclo ininterrupto durante toda a existência do seu negócio. Essa será a base para o sucesso e longevidade do projeto.

A pesquisa é sempre o passo "1". Note que o planejamento aparece apenas na terceira etapa.

Muito se fala por aí que é preciso ter planejamento para que um negócio seja bem-sucedido, e não é difícil encontrar uma infinidade livros, manuais, palestras, vídeos etc. abordando o tema, **mas não falam da importância, do tipo e da qualidade da informação usada para esse planejamento e o quanto impactam no resultado do seu projeto.**

Só que aquele grande investidor (o que espera 529 dias pelas licenças) não se encaixa nesse perfil.

Certamente o planejamento dele é bem minucioso e a tendência de entrar nessa estatística negativa é, também, bem pequena.

No entanto, não posso deixar de colocar mais uma pergunta: **por que mencionar essa estatística negativa como um ponto a ser avaliado por um futuro empreendedor no Brasil?**

Obviamente isso assusta. Qualquer investimento que você faça gera preocupação (em qualquer lugar no mundo) e até inconscientemente buscamos "sinais" que indicam se devemos seguir ou não o projeto. Se essa mensagem é desmotivadora, seu sonho tem grandes chances de ser interrompido.

Permita-me abrir mais um parêntese para indicar outro ponto do referido tema, oriundo de recorrentes noticiários, principalmente os mais populares, cujo assunto é "o crescimento do trabalho informal".

Como exemplo, temos a matéria veiculada através do portal G1[9], cujo título é ***"Trabalho informal avança para 41,3% da população ocupada e atinge nível recorde, diz IBGE"***.

Normalmente, esse tipo de notícia vem acompanhada da divulgação da taxa de desemprego do país, ou seja, uma conotação negativa e até assus-

9. https://g1.globo.com/economia/noticia/2019/08/30/trabalho-informal-avanca-para-413percent-da-populacao-ocupada-e-atinge--nivel-recorde-diz-ibge.ghtml

tadora, pois os que estão empregados ficam com medo de perder suas posições (e se tornam mais "reféns" dos patrões) e, por consequência, a **"insegurança econômica e emocional" inibe o consumo e o respectivo giro financeiro**.

Na minha visão de profissional de marketing e estimulador do empreendedorismo, enxergo o assunto de forma diferente e positiva. Identifico um povo extremamente criativo, trabalhador e que se adapta rapidamente aos novos tempos.

Isso mesmo, novos tempos!

Estamos em um caminho sem volta da automação; logo, empregos formais serão cada vez mais tomados por máquinas. Com isso, uma economia de pequenos negócios tende a se tornar forte novamente como no início do comércio, lá na época do escambo. É o *downsizing* empresarial!

Não há como empregar todos em um futuro próximo, portanto é dever do Estado começar a trabalhar em projetos voltados para os pequenos negócios, pois são esses que gerarão a robustez e a sustentabilidade para o povo e economia do país.

Voltemos à matéria que estávamos analisando, indo agora ao quarto ponto mencionado, que a reportagem denominou como "MULTITASKING".

Trata-se de nada mais do que a observância dos autores da publicação quanto ao volume de trabalho que o empreendedor terá no início da sua empreitada; no início, o empresário vai ter que cuidar de tudo (gestão financeira, funcionários, vendas, atendimento ao cliente, fornecedores, qualidade do produto etc.).

Novamente! Qual a diferença de um empreendedor no início de sua aventura no Brasil para um empreendedor de qualquer outra parte do mundo?

E onde aquele grande investidor (o que espera 529 dias pelas licenças) entra nisso? Claro que esse "grande" não está nem aí para tal questão, porque tem equipes competentes destinadas a desenvolver seus projetos mundo afora.

Só não entendo por que não dissociam o pequeno do grande nesses quesitos. Você entende? Claro que sim! Você é inteligente e captou o sensacionalismo!

Há mais algumas "coisas" na matéria, mas eu queria destacar uma última em especial. Aquele que denomina como: "MUITOS CHEFES".

Aqui a infelicidade chega ao extremo quando o jornalista compara um trabalho formal de empregado com o de empreendedor, ou seja, enquanto ***"em um emprego tradicional costumamos ter um ou dois chefes. Ao empreender, você passará a ter tantos chefes quantos forem seus clientes"***.

Primeiro, a pergunta preliminar de todos os pontos que analisamos juntos: **O que isso tem a ver com o Brasil e em que é diferente de outros países?**

Depois, o grande investidor (aquele que espera os 529 dias) está preocupado com isso? Claro que não! **Ele enxerga "clientes".**

Por fim, se um empreendedor estiver com a ideia medíocre ao ponto de considerar que seu negócio será algo que lhe gerará uma enormidade de chefes ao invés do pensamento de ganho de escala, reconhecimento e, por consequência, muito DINHEIRO... ele não é um empreendedor!

Um ponto muito mencionado há tempos por vários artigos, publicações, reportagens, etc. e que não foi lembrado nessa matéria, mas faço questão de salientar, é a CARGA TRIBUTÁRIA brasileira.

Claro que pagar imposto não é gostoso, principalmente quando não se vê o retorno adequado à sociedade. Há sim uma confusão tributária que só consegue entender quem for especialista. Até por isso, é obrigatório que as empresas tenham seus contadores responsáveis por essa parte de seus negócios.

Ok! Assim posto, pergunto novamente: em que isso impede você de empreender no Brasil?

Definitivamente não é uma barreira, pois a condição é igual para todos! É a mesma coisa que um jogador de futebol, naquelas entrevistas de final de jogo, justificar a derrota do seu time porque o gramado estava molhado e escorregadio. Oras, essas condições não estavam semelhantes para o seu adversário também? Ou o seu rival jogou em um campo e você em outro? Ah, vá tomar banho!

Numa conta simples, desde a época da quitanda em que eu comprava paçoca lá nos idos dos anos 70 (a quitanda da Dona Georgetti), calcula-se a despesa, adiciona-se a margem de ganho e você chega ao seu preço e respectiva lucratividade.

O que quero dizer é que o mercado (o ambiente) é igual para todos os players. Cabe ao empreendedor fazer suas parcerias, encontrar os melhores fornecedores, fazer as melhores negociações, criar seu diferencial etc. para que seu produto seja mais atraente e competitivo.

Sobrevive quem é competitivo e/ou tem algum grau de diferencial e atratividade importante. É o mundo dos negócios!

Tivemos recentemente (janeiro de 2021) a Ford do Brasil encerrando as atividades no país, e muitos tentaram achar um culpado para isso. O governo foi um dos que mais teve o dedo apontado para si como responsável, mas a sua resposta foi simples e objetiva; ***"o Estado não iria financiar uma montadora que não tem competitividade"***.

Em um mercado crescente, com estimativas animadoras, se uma empresa do setor encerra suas atividades é por estratégia de negócios, ou porque não teve competência na sua gestão e/ou seus produtos não eram bons.

Para encerrar o assunto Ford, a empresa anunciou em janeiro de 2021 o fim das atividades[10].

No mesmo mês do tal anúncio, a entidade que coordena o setor no Brasil, a Anfavea (Associação Nacional dos Fabricantes de Veículos Automotores) publicou a sua expectativa de aumento e 9,4% na venda de veículos novos no ano[11].

Na verdade, a Ford tem excelentes carros, mas são os robustos e esportivos (como as *pick-ups*, SUVs e o Mustang, respectivamente) e não os populares produzidos no Brasil; são os montados fora do país, os importados. Pois bem. Essa foi a estratégia da empresa, isto é, ela resolveu parar de produzir carros ruins e passou a importar o que ela faz de melhor. Ela que mudou!!!

Então, pergunto-lhe: por que aqueles que apontaram o dedo para o governo (aqueles especialistas) não apuraram essa estratégia da montadora? A intenção era outra. Percebe?!

Já a Volkswagen, em ano de pandemia, divulgou no mesmo mês do anúncio da Ford que seu lucro caiu menos do que esperado. Ou seja, mesmo

---

10. https://www.uol.com.br/carros/noticias/redacao/2021/01/11/ford-anuncia-fim-da-producao-de-veiculos-no-brasil-ao-fechar-3-fabricas.htm.

11. https://agenciabrasil.ebc.com.br/economia/noticia/2020-01/anfavea-estima-aumento-de-94-na-venda-de-veiculos-novos-este-ano#:~:text=A%20Associa%C3%A7%C3%A3o%20Nacional%20dos%20Fabricantes,na%20venda%20de%20ve%C3%ADculos%20novos.&text=Para%202020%2C%20a%20remessa%20deve,mil%20registrados%20no%20ano%20passado

com o mundo em colapso, a montadora esperava um resultado pior. Notem que não é prejuízo, mas uma queda na lucratividade[12].

Em 24 de abril de 2021, a CNN Brasil publicou uma reportagem destacando a fila de espera para compra de carros novos no Brasil e que, ***"dependendo do modelo e da versão, a fila de espera por um veículo novo pode atingir 120 dias"***[13].

Atribuir culpa ou ficar potencializando as barreiras e dificuldades para justificar o fracasso ou o motivo pelo qual não vai empreender no país não é compatível com alguém que tem o perfil de um vencedor.

Os noticiários sensacionalistas (e até com viés político) tendem a culpar o governador do partido X, o prefeito do partido Y ou o presidente que é do partido Z (depende do viés do meio de comunicação) pelos milhares de operários que ficarão desempregados com o fracasso da Ford no Brasil.

Ora, se estamos falando de um mercado que está em crescimento, provavelmente teremos contratações, ou seja, o que houve foi uma "dança das cadeiras", em que aquele empregado que prestava serviços para a Ford perdeu sua vaga e outro, em algum canto do país, será contratado.

---

12. https://www.cnnbrasil.com.br/business/2021/01/22/volkswagen-tem-queda-menor-que-a-esperada-no-lucro-de-2020

13. https://www.cnnbrasil.com.br/business/2021/04/24/nao-basta-ter-dinheiro-na-mao-por-que-ha-fila-de-espera-para-comprar-carro-0-km

O brasileiro deixará de comprar carros Ford, mas comprará carros de qualquer outra montadora que disponibiliza seus produtos no país, que contrata funcionários e outros serviços, que gira a economia etc.

A fila anda!

A propósito, veja que interessante a publicação no site[14] do educador financeiro André Bona que mostra as maiores cargas tributárias do mundo:

Porcentagem da carga tributária em relação ao Produto Interno Bruto:

1. Dinamarca - 45,2%
2. Finlândia - 44%
3. Bélgica - 43,2%
4. França - 43%
5. Itália - 42,6%
6. Suécia – 42,8%
7. Áustria – 42,5%
8. Noruega – 40,8%
9. Luxemburgo – 39,3%
10. Hungria – 38,9%
11. Eslovênia – 36,8%
12. Alemanha – 36,7%
13. Islândia – 35,5%

---

14. https://andrebona.com.br/voce-sabe-quais-sao-os-paises-que-mais-cobram-impostos-no-mundo/

O Brasil aparece em 14º no ranking de carga tributária (35,4% do PIB). Como disse anteriormente, o grande problema é que o retorno desses impostos à sociedade é ruim e acaba elevando o custo de vida da população, mas "cravar" que essa carga elevada de tributos do país é uma barreira para empreender é uma grande bobagem!

Repito: o campo de jogo é igual para todos.

Mais um ponto que não foi mencionado no nosso artigo analisado, mas que também é amplamente explorado pelos "exaltadores de calamidades": a "infraestrutura" brasileira. Ela é apontada como um dos grandes gargalos que freiam o avanço econômico e dificultam o interesse das empresas em atuarem no país.

Quanto a esse ponto, só vou repetir a afirmação que "o campo de jogo é igual para todos" e mais para frente, na parte de "oportunidades", volto a falar sobre esse assunto.

Por fim, há também um discurso, quase que um mantra, nas publicações brasileiras com relação à "falta de mão de obra qualificada" como sendo uma das grandes dificuldades enfrentadas pelo empreendedor brasileiro, somando-se os custos que acabam impactando no treinamento dos profissionais.

Será!?

Primeiro, entendo ser primordial um treinamento bem-feito pelas empresas para buscar alto padrão de produção, atendimento etc. Portanto, é um custo que teoricamente já deveria ser considerado.

Depois, quando falamos em um mercado, uma economia em desenvolvimento e expansão, é natural que não exista mão de obra suficiente para atender novos empreendimentos. Isso ocorre no Brasil ou em qualquer outra parte do mundo que esteja em desenvolvimento (não estagnado). Entenda isso como um sinal de oportunidade da região.

Percebe o alarde negativista?!

É verdade que alguns clientes de multinacionais já me confidenciaram suas dificuldades para contratar profissionais para funções de áreas específicas (com experiência). A queixa vinha acompanhada da declaração de que há rotatividade muito grande, principalmente entre aqueles recém-formados oriundos de universidades renomadas que já saem para o mercado de trabalho com uma série de convites de boas empresas e com o ego inflado em demasia, isto é, achando que vão ser chefes em alguns meses de trabalho. Isso gera um "antigozo" em um curto espaço de tempo, quando os jovens profissionais percebem que não é assim que as coisas funcionam, o que desencadeia até um certo ranço da empresa e acaba por findar com o desligamento do vínculo.

Também passei por isso nas minhas empresas, e olha que a mão de obra que eu precisava era "bem básica". Na época. adotei uma estratégia que deu certo e acabei replicando isso para aqueles que dividiram tal dificuldade comigo. E olha que legal... deu certo também!

Aqui vai uma crítica às empresas que usam (e abusam) dos meios de contratação eletrônicos (e seus filtros/processo de seleção). Estabelecem-se parâmetros do "perfil ideal", e perde-se muita gente boa pela ausência de conhecimento do nível de comprometimento do candidato ao posto. Falta humanização na seleção.

Enfim, sugeri aos meus clientes que passassem a desconsiderar em seus filtros a exigência de experiência na área, formação em universidades renomadas e até aquela do profissional cujas famílias gozam de boa condição econômica, e passassem a explorar o nível de comprometimento da pessoa com trabalhos, família e propósitos na vida.

Isso dá muito certo. De uma forma ou outra, um profissional precisa ser treinado. Agora, falar, propagar que o treinamento é um empecilho para empreender, isso é uma grande falácia, pois TODOS precisam de treinamento (e constante!).

Quando você contrata um profissional da área, é comum que ele já venha com certos vícios que precisam ser readaptados ao seu modelo de trabalho, isto é, você ainda terá que lidar com alguma resistência aí, certo?!

Ora, qual o problema de treinar um funcionário "do zero" para fazer sua atividade?

- Ah, Cláudio, mas vai se perder muito tempo até esse profissional "cru" aprender a se virar sozinho!

Meu amigo, minha amiga... quanto tempo se perde no absenteísmo, na rotatividade de profissionais "estrelas", sem comprometimento e até geradores de atritos pelos seus vícios antigos?

Uma das grandes vantagens que temos aqui no Brasil é a característica do nosso povo de ser extremamente trabalhador, proativo e se adaptar muito rapidamente ao que se tem por obrigação. Portanto, pessoas com os atributos negativos que mencionei anteriormente compõem uma minoria, ou seja, é abundante a oferta de pessoas dispostas a aprender uma nova atividade, com comprometimento, sentimento de gratidão e fidelidade (outra característica muito presente nesse povo) com aquele que lhe ofereceu uma oportunidade.

Não posso deixar de fazer as boas e velhas perguntas de sempre: um gigante (aquele que espera 529 dias pelas licenças) já não está acostumado com isso? Na pior das hipóteses, ele tem 529 dias de *standby* para fazer os preparativos adicionais da sua nova empresa (inclusive a seleção e treinamento dos seus profissionais).

Ou você acha que ele vai ficar parado, jogando videogame enquanto aguarda pelos processos burocráticos se desenrolarem?

E o pequeno empreendedor, que geralmente começa seu negócio sozinho, que tem sua própria linha de aprendizagem nos primeiros dois, três anos de vida da empresa, ele está preocupado com mão de obra qualificada nesse início?

Como disse anteriormente, acredito no *downsizing* empresarial e isso significa crescimento dos pequenos empreendedores. Uma declaração dessas, muitas vezes assinada por especialistas e grandes veículos de comunicação, tende a desestimular e até atrasar esse processo.

A quem esse tipo de comunicação interessa?

Ah, em tempo, nada contra os autores, tampouco com o site que veiculou a matéria que serviu como base da análise. Foi a oportunidade que surgiu no momento em que escrevia sobre o tema, ao buscar opções recentes na web.

Ressalva feita, cabe aqui também uma explicação do motivo que me fez começar o tópico da "imaturidade" com a análise de uma reportagem.

Consequência de observação particular, baseada nos mais de dez anos atuando como moderador, entrevistador e analisando projetos de pesquisa, quando tive a oportunidade de explorar particularidades racionais e emocionais de indivíduos dos mais variados níveis intelectuais e condições econômica, percebi que nós, brasileiros, somos muito ativos, executores, mas imediatistas e pouco planejadores.

Um planejamento exige paciência, tempo e estudo das variáveis, do cenário, enfim, uma análise ampla das condições para dar sequência a qualquer projeto que se pretenda conduzir. Agora pense em exigir algo específico de alguém que não tem o hábito de fazer tal tarefa; qual a consequência disso?

Acredito que você já tenha, ao menos, ouvido falar do quão difícil é para ser humano aceitar mudanças e encarar o novo. Pois bem, se essa dificuldade de se mobilizar diante de algo diferente já é da característica do "ser", imagine para um povo que tem déficit cultural, o quanto essa missão fica mais difícil.

"Sempre que queremos mudar algo na nossa vida, começamos tendo que vencer um grande inimigo: nosso próprio cérebro. É ele o responsável por nos sentirmos mais confortáveis cultivando velhos hábitos do que mudando. No entanto, mudar não é impossível! Somos, sim, capazes de criar novos hábitos que transformem nossa vida para melhor.

São vários exemplos: parar de fumar, comer mais saudável, praticar exercícios físicos, evitar brigas bobas. Todas essas mudanças exigem uma troca de hábitos para funcionarem. Só que nosso cérebro trabalha de forma mecânica, a economizar esforço e energia, e fazer atividades que não estamos acostumados exige muito mais empenho.

Segundo os psicólogos, dentro da Teoria Cognitiva Comportamental, nós somos feitos de nossos comportamentos e hábitos, e estes formam as nossas crenças e valores pessoais. Por isso, mudar um comportamento ou hábito é também mudar a própria personalidade!

Quando queremos fazer algo diferente, o nosso cérebro precisa aprender a nova atividade. Depois de alguma insistência, a nova ação também se torna automática e aí está formado o novo hábito"[15]

No Brasil a situação acaba ficando um pouco mais complicada, pois temos esse déficit cultural, principalmente quando destacamos o atributo "leitura".

Segundo o site da Livraria Nobel, que replicou a publicação da Market Research World, cujo objetivo é quantificar o Índice de Cultura Mundial, em um ranking de leitura composto por trinta países, o Brasil ficou com a 27ª posição[16]

A consequência da falta do hábito da leitura pode ser considerada devastadora para uma sociedade.

O ponto importante é a formação de cidadão ser totalmente dependente de informação veicula-

---

15. https://www.psicologossaopaulo.com.br/mudanca-de-habitos-como-fazer.

16.http://www.livrarianobel.com.br/index.php/quais-sao-os-paises-mais-leitores-do-mundo/#:~:text=O%20pa%C3%ADs%20que%20mais%20l%C3%AA,a%20Venezuela%2C%20no%2014%C2%BA%20lugar

da na mídia, que, quase sempre, tem um viés (seja por patrocínio ou por ideologia política).

No caso do brasileiro, isso fica um pouco pior, pois, sem o hábito da leitura, **NOS TORNAMOS UM POVO "LEITOR DE MANCHETE"**, isto é, fácil de ser induzido a uma linha de pensamento, sem discernimento e replicador de algo que muitas vezes não condiz com a realidade.

Agora, imagine falar para uma pessoa com essas características que ela precisa estudar, pesquisar, ler, ter paciência, etc. para fazer um planejamento. Lembrou do que mencionamos lá atras com relação a estatísticas negativas das empresas no Brasil?

É uma "preguiça cultural" importante, limitante e desastrosa para as pretensões de um empreendedor aventureiro. Aventurar-se é saber que a chance de dar errado é muito maior do que a de sucesso.

- Ora Cláudio, lá atrás você disse que o brasileiro é trabalhador, comprometido e aqui você diz que ele é preguiçoso?

Importante frisar que quando uso o termo "preguiça", este está relacionado ao quesito leitura e até à falta de conhecimento da necessidade de fazer um planejamento.

Na Itália, por exemplo, se você não apresenta um "Plano de Negócios" ao governo, sequer consegue adquirir a documentação para abertura formal do empreendimento, ou seja, a aventura fica menos arriscada e certamente isso inibe a quebradeira com poucos anos de vida.

Aqui não temos essa exigência. Existe uma preocupação maior em recolher as taxas governamentais do que em educar. É algo semelhante com o que chamamos de "indústria da multa de trânsito", já que a formação dos nossos condutores é muito ruim, o que favorece o crescimento das infrações e, consequentemente, amplia a sedutora fonte de renda gerada com essas punições, sem que nenhum movimento educacional seja adotado.

Tá, mas e daí? O que isso te impede de empreender?

Repito, as regras do jogo estão aí para todos. Quem souber lidar melhor no ambiente, vai se dar bem.

Diga-se de passagem, estamos passando por um processo de amadurecimento institucional, cultural e social importante. Estamos melhorando em muitos quesitos. Tecnologia bancária, fiscal, tributária, eleitoral, cultural; enfim, uma série de pontos são poucos divulgados, mas facilitam bastante a vida do cidadão e do empreendedor no Brasil.

Mas vamos voltar à importância que tem uma nação cuja fonte de informação é a "manchete" da notícia. Vamos pegar alguns exemplos de reportagens de portais importantes no país.

Em fevereiro de 2021, o Brasil, dado o tamanho de sua população, é um dos líderes mundiais em contágio e morte pela COVID-19. Há ainda uma disputa política para ver quem se dá bem no que tange à condução da pandemia e, devido a decisões judiciais, governantes têm liberdade de trabalhar com certa independência na busca e oferta por vacinas.

Nesse contexto, emergem alternativas de vacinas, sendo que partido político "A" quer oferecer a vacina "Y" e partido "B" quer oferecer a vacina "Z". Simpatizantes de ambos os lados começam a enumerar supostas debilidades das vacinas e afirmar que não tomam a tal dose se não for aquela que seu político preferido escolheu como sendo a ideal.

Imagina a confusão que fica na cabeça da população. Muitos ficam preocupados e não querem se vacinar, achando que aqueles problemas que estão sendo exaltados poderão acontecer consigo ou com um familiar.

No meio dessa efervescência toda, em 5 de fevereiro de 2021, o portal Correio Braziliense publica uma reportagem com a seguinte manchete: NO DF, HÁ REGISTRO DE 282 CASOS DE REAÇÃO À VACINA CONTRA A COVID-19[17].

Num momento em que a vacinação estava

---

17. https://www.correiobraziliense.com.br/cidades-df/2021/02/4904833--no-df-ha-registro-de-282-casos-de-reacao-a-vacina-contra-a-covid-19.html

engatinhando, ou seja, o universo de vacinados era pequeno, aquele número representava uma grande parte daqueles que se vacinaram. Com isso, o que um cidadão (aquele leitor de manchete), vai pensar? O que ele vai falar para o vizinho? O que ele vai espalhar no WhatsApp?

Essa pessoa não vai tomar a vacina, não vai estimular aqueles que estão a sua volta a tomar e a consequência disso é um atraso na imunização da população contra o vírus e demora na retomada econômica e no retorno ao cotidiano propriamente dito.

A verdade sobre as reações da vacina, como a própria reportagem expõe no seu interior, é que ***"Os relatos são vermelhidão e/ou dor no local, dor de cabeça e febre leve. Até o momento, nenhum caso grave foi confirmado. Todos os casos estão sendo investigados para comprovar se realmente têm relação com o Evento Adverso Pós Vacinação (EAPV)"***.

Veja! Não houve sequer confirmação sobre a relação dos casos com a vacina, sequer são considerados graves, mas o que vale é chamar a atenção do leitor e gerar tráfego, sem a mínima preocupação com as consequências disso.

Em uma outra vertente de trabalho (ou conduta), dependendo de como (e o que) quer o editorial do jornal, dá-se mais ou menos (ou simplesmente não se divulga) uma notícia. Olhe o exemplo abaixo:

Ao entrar no portal de notícias G1[18] em 12 de fevereiro de 2021, me deparei com a seguinte manchete que simplesmente ocupou a tela inteira do computador:

Eu acompanho notícias diariamente durante o dia todo e não vi tal ênfase quando o número de assassinatos no País estava em queda em 2018 (-12,8%) e 2019 (-19,1%). Perceba na própria imagem que a curva de queda é significativa, digna de comemoração por governo, mídia e população, mas é pouco para gerar alarde.

18. https://g1.globo.com/monitor-da-violencia/noticia/2021/02/12/brasil-tem-aumento-de-5percent-nos-assassinatos-em-2020-ano-marcado-pela-pandemia-do-novo-coronavirus-alta-e-puxada-pela-regiao-nordeste.ghtml

Um dos grandes motivos que provavelmente explicam tal opção para a publicação é a relação conturbada entre esse grupo de comunicação e o atual presidente.

O maior veículo de comunicação da América Latina emana suas preferências políticas em detrimento dos interesses da população. O presidente por sua vez, sem habilidade na comunicação e sem assessoria para tal, fala o que lhe vem à mente, de forma irresponsável, não medindo as consequências até para sua própria imagem.

Em 18 de fevereiro de 2021, Augusto Nunes, um jornalista multiplataformas, fez críticas ao próprio modelo de jornalismo presente no Brasil:

"Os inimigos da verdade são teimosos e por isso é preciso voltar a certos assuntos. Até os bebês de colo sabem que, quando ocorre uma pandemia em escala planetária, o número de mortes costuma ser maior nos países mais populosos. Para corrigir distorções estatísticas, institutos científicos sérios calculam a taxa de letalidade em óbitos por milhão de habitantes.

Não é o que faz o jornalismo de necrotério. Ele continua publicando apenas números absolutos. Por eles, o Brasil é o segundo do mundo em volume de óbitos por milhão, mas, na verdade, o país é o vigésimo-sexto.

A opção pelo noticiário alarmista foi escancarada mais uma vez com o início da vacinação. Neste momento, com cinco milhões e trezentos mil imunizados, o Brasil é o sexto colocado no ranking dos que mais vacinaram. Desconfortáveis com fatos animadores, os jornais passaram imediatamente a destacar o número de imunizado por mil habitantes. Por esse critério o Brasil fica fora do grupo de interesses da vacinação em massa.

O que interessa a esse tipo de imprensa está claro. Não é lidar com fatos e informar corretamente. É amedrontar os leitores e convencê-los de que o que está ruim vai ficar muito pior por culpa do governo, claro!"[19]

Pode-se dizer que o Brasil nunca passou por uma guerra ao ponto de nosso povo criar uma perspectiva (e comportamento) coletiva, o que pode ser parte de uma explicação do porquê ainda estamos pensando mais no individualismo (egoísta) e menos no coletivo, ou seja, ainda estamos numa fase de desenvolvimento como nação nesse aspecto.

Esse "olhar para o próprio umbigo" abrange também as empresas e em especial os veículos de comunicação. Temos fortes campanhas corporativas, mas que parecem ser mais uma obrigação social do que uma iniciativa consciente. A intenção é ficar bonito na foto (imagem), o que também se pode chamar também de hipocrisia.

Mas também temos os bancos. Vejo as campanhas publicitárias dos grandes bancos pregando todo tipo de qualidade e foco social da empresa, mas quando você vai na agência (caso não tenha regalias e acesso rápido ao atendimento devido à atratividade/interesse no seu saldo), me dá asco.

---

19. https://noticias.r7.com/jr-na-tv/videos/augusto-nunes-noticiario-alarmista-nao-enxerga-inicio-promissor-da-vacinacao-no-pais-18022021.

Sempre se veem aquelas filas enormes, velhinhos sob chuva e sol aguardando por um atendimento, caixas eletrônicos fora do ar e as embalagens de álcool em gel vazias ou quebradas.

Ou seja, tudo balela!

Quando se trata de veículo de comunicação, a preocupação é ainda maior, pois é sabido o quanto um povo carente de informação, ou sem o hábito de leitura, é suscetível à "coação".

Temos exemplos de como os regimes comunistas cerceiam informações a ponto de manipular a sua população e o quanto isso é importante para seus respectivos governantes manterem sua governabilidade.

Um exemplo recente: em uma entrevista a uma rádio de São Paulo[20], Zoe Martínez, uma youtuber e ativista cubana que está no Brasil desde os 12 anos, cuja família deixou seu país natal e a vida de escassez, perseguição, proibições e decadência para vir ao Brasil em busca de melhores condições de vida, relata o quão manipuladora é a mídia no seu país e o quanto isso interfere na aceitação de tal situação pelo povo cubano.

Aconselho-o sempre a ver os links que informo para ter sua própria visão daquilo que analiso; neste caso, sendo bem objetivo, a entrevistada afirma que seu povo passa muita fome e dificuldades, mas que o governo ameniza a situação mostrando

20. https://www.youtube.com/watch?v=4VNYfz_UWRQ.

imagens ruins e pontuais de outros países com intuito de dar o seguinte recado: ***"olha, aqui não está bom, mas lá fora está pior"***. Quando o cidadão consegue sair do país, vê que a realidade é diferente.

Trata-se de uma ação irresponsável que gera dependência, miséria e até ranço com outras nações, pois, se houver uma guerra, seu povo vai lutar como se odiasse alguém que jamais conheceu de verdade ou até fez movimentos e lutou por sua própria liberdade.

Quando uma comunicação tem interesses intrínsecos, é tendenciosa. Se é tendenciosa, não pode ser chamada de reportagem, tampouco de imparcial (como muitos reverberam), mas, sim, de um blog de opiniões.

O Brasil não é uma ditadura e está muito longe de sê-lo, mas a limitação está nessa nossa "preguiça" intelectual que acaba dilacerando o país de outras formas.

A imaturidade social e intelectual do país faz com que absorvamos toda a comunicação como algo verdadeiro e acabemos por replicar isso para o mundo. Por isso, aquele brasileiro que não teve oportunidade de conhecer outras cidades dentro do próprio Brasil (conhece só pela TV e seus noticiários), não conhece outros países e suas dificuldades, considera que o Brasil real é o da TV, o das balas perdidas no Rio de Janeiro, da pobreza do sertão do Nordeste, da poluição dos rios etc.

Depois de ouvir essas notícias, repetimo-las como um mantra para todos à nossa volta sem sequer conhecer a real situação. Eu sou prova disso. Passei um tempo fazendo um curso em Nova York e, numa dessas saídas para beber uma cerveja, os gringos me perguntavam: como é o Brasil?

Antes de continuar a leitura, faça você um exercício. Como responderia?

É impressionante como vêm as coisas ruins, a comparação com os EUA, sempre colocando a minha pátria em uma condição inferior em vários sentidos. O tal "complexo de vira-latas".

Primeiro que, quando viajamos por turismo, estudo ou trabalho, sempre buscamos por lugares seguros e conhecidos. Eu, por exemplo, estava tomando minha cerveja em Manhattan, no coração pulsante de Nova York, o lugar fascinante de sonhos e filmes. Estava completamente deslumbrado com aquele lugar, pois era a primeira vez que a visitava.

O Brooklyn é uma região de tirar o folego de tão aconchegante. Chorei de ver as criancinhas saindo da escola em um bairro residencial, mas, por ser muito visitado por turistas e de vizinhança abastada economicamente, é considerado uma das áreas de alto risco para turistas. Apresenta considerável taxa de criminalidade.

O Bronx é famoso nos filmes como uma área perigosa. É verdade que já foi perigoso na década de 70 e ainda não é aconselhável visitá-lo sem um guia local, pois é um distrito considerado "vermelho" de Nova York.

Pois bem. No Brooklyn, fui até a ponte tirar umas fotos. No Bronx, só passei o olho de longe pela janela do trem que me levava do campus onde estava estudando para a Times Square quando o sistema de som do transporte anunciou a tal estação.

No Bronx não fui porque já conhecia a fama. No Brooklyn, como não fazia ideia do perigo, fui tranquilo e de "guarda baixa". Perceba o quanto a comunicação é importante e influencia nossa conduta.

Você acha que um turista vai querer conhecer algum local que tenha fama de ruim?

É isso o que fazemos. Nós propagamos muita coisa ruim, pois nos acostumamos com esse tipo de comunicação.

O americano faz dinheiro até com as ruínas do atentado de 11 de setembro no World Trade Center. Valorizam o poder de reconstrução da nação enquanto nós difamamos o que é nosso.

É conhecida a rivalidade futebolística entre Brasil e Argentina. Essa rivalidade (ou ranço) existe também no âmbito cultural entre esses dois povos, mas pergunte a um argentino qual é o melhor jogador de todos os tempos e lhe dê duas opções: Pelé ou Maradona.

O argentino será enfático em indicar o Maradona.

Se a mesma pergunta for feita a um brasileiro (cujo time de coração não seja o Santos Futebol Clube – onde o Pelé jogou boa parte de sua carreira), muitas das respostas indicarão o argentino e até mencionarão o Messi como superior aos dois.

Comece a prestar atenção nos outros lugares ao redor do mundo. Nem vou mencionar aqueles países que estão em guerra civil, sob constante medo do terrorismo e até de catástrofes naturais. Vamos focar no dia a dia, não deixando o brilho nos olhos e a empatia pelo local nos cegarem (exatamente o contrário do que fazemos aqui – abrindo os olhos para o ruim e fechando para o que é bom).

Não é preciso ir muito longe. Em recente almoço no sítio do meu sogro, estava lá um casal de vizinhos dele. Fazem companhia um para o outro no meio daquele monte de mato. Pois bem, o casal visitante estava comentando com orgulho sobre o filho que está morando em Londres há mais de dez anos e, em um determinado momento, começaram a mencionar as dificuldades que o rapaz passou antes de se firmar na cidade.

Incrível como o tom para mencionar as coisas ruins foram considerados de uma forma quase que a valorizar o feito, ou seja, um obstáculo que serviu para engrandecer o feito do filho.

Uma das coisas mencionadas foi que o tal filho tinha que ir trabalhar de bicicleta. No entanto, com muita naturalidade, relatou que ao todo, foram quatro bicicletas roubadas. Uma das vezes, inclusive, o rapaz acorrentou a bicicleta no poste de uma tal forma que o fez pensar ser impossível o tal fato se repetir. Pois bem, quando voltou para pegar seu meio de transporte, só encontrou o quadro da bicicleta acorrentado ao poste. Rodas, selim, corrente, cabos, tudo foi roubado e deixaram só aquilo que não poderia ser arrancado do poste devido à robustez da corrente.

Importante frisar que nem levei em consideração os casos de preconceitos e a dificuldade de conseguir um bom cargo no relato da mãe do rapaz que mora em Londres. As melhores posições e melhores salários não são para imigrantes.

Em março de 2021 os jogadores de futebol do clube Paris Saint-Germain, o brasileiro Marquinhos e o argentino Di María, foram informados durante a partida entre PSG e Nantes, pelo Campeonato Francês, de que suas casas haviam sido invadidas por ladrões. Segundo a matéria no portal UOL[21], ***"esta não foi a primeira vez que isso aconteceu com o brasileiro e com jogadores do Paris Saint-Germain.*** (...) ***Além deles, outros brasileiros já foram vítimas de situações parecidas. Em 2018, Thiago Silva foi alvo de uma atuação de ladrões que tiraram um cofre da casa do zagueiro com itens avaliados em 1,5 milhões de eu-***

21. https://www.uol.com.br/esporte/futebol/ultimas-noticias/2021/03/15/psg-assaltos-dani-alves-thiago-silva-marquinhos.htm.

ros... (...) No ano seguinte, em 2019, Dani Alves teve sua casa invadida durante uma partida do Francês, contra o Montpellier e em 2020, o próprio Marquinhos passou por uma situação parecida, só que na ocasião os ladrões não conseguiram entrar na residência."

A reportagem segue mencionando ocorrências parecidas com atletas de outras nacionalidades. Então, veja que estamos falando de Inglaterra (Londres) e França (Paris). Agora eu lhe pergunto: como seria contada essa história se o ocorrido fosse no Brasil?

Em 26/06/2018 a revista Exame[22] publicou um ranking produzido pela Thomson Reuters Foundation em que aponta os *"PIORES PAÍSES DO MUNDO PARA AS MULHERES"*, levando-se em consideração a prevalência da violência física e sexual contra elas:

1º Índia

2º Afeganistão

3º Síria

4º Somália

5º Arábia Saudita

6º Paquistão

7º República Democrática do Congo

22. https://exame.com/mundo/estes-sao-os-piores-paises-do-mundo-para-mulheres/.

8º Iêmen

9º Nigéria

10º Estados Unidos

Pois é! O tão querido e desejado local para se viver por muitos brasileiros aparece em 10º colocado no ranking geral, mas o estudo ainda revela que ***"chama a atenção o fato de os EUA estarem em 3º lugar, mesma colocação que a Síria (3º lugar geral) na categoria que avalia em quais países as mulheres correm os maiores riscos de serem estupradas e assediadas. Está, ainda, em 6º na categoria que avalia outros tipos de violência, como abusos mentais e físicos"***.

A falta da valorização (e a potencialização do ruim) que nosso povo promove é incrível e, pelo que pesquisei, ainda não há uma resposta satisfatória para justificar tal fenômeno. Existem poucas teses, algumas linhas de pensamento e quase nada de pesquisa científica (se houver), mas o fato é que não há conclusão sobre o tema. O que há é uma conclusão particular de determinados indivíduos que pensam sobre o ***"não entendimento de porque o brasileiro não se valoriza diante de tanta riqueza cultural, social e poder econômico"***. Veja algumas reflexões:

"Brasil: um país que não se valoriza.

Como é de costume, sempre que arrumo uma folguinha no trabalho, dou uma olhada nos portais e blogs de notícias e colegas pra saber o que anda rolando no mundo enquanto estou sentado na frente de

um computador me adequando ao sistema, do jeitinho que o diabo gosta.

Entre uma notícia e outra dou uma atualizada na minha caixa de entrada dos e-mails, pra ver se não recebi nada de novo.

Como é de costume também, meu pai me envia uma diversidade de e-mails, diariamente. Desde assuntos jornalísticos, piadinhas, cuidados virtuais, fotos, dentre outros.

Outro dia, ele me enviou um que eu realmente achei muito interessante, e resolvi postá-lo aqui no blog:

'O que uma escritora holandesa falou sobre o Brasil'

Só falta saber o nome da escritora, o resto é admirável.

'Os brasileiros acham que o mundo todo presta, menos o Brasil, realmente parece que é um vício falar mal do Brasil. Todo lugar tem seus pontos positivos e negativos, mas no exterior eles maximizam os positivos, enquanto no Brasil se maximizam os negativos.

Aqui na Holanda, os resultados das eleições demoram horrores porque não há nada automatizado. Só existe uma companhia telefônica e pasmem! Se você ligar reclamando do serviço, corre o risco de ter seu telefone temporariamente desconectado.

Nos Estados Unidos e na Europa, ninguém tem o hábito de enrolar o sanduíche em um guardanapo – ou de lavar as mãos antes de comer. Nas padarias, feiras e açougues europeus, os atendentes recebem o dinheiro e com mesma mão suja entregam o pão ou a carne.

Em Londres, existe um lugar famosíssimo que vende batatas fritas enroladas em folhas de jornal – e tem fila na porta. Na Europa, não-fumante é minoria. Se pedir mesa de não-fumante, o garçom ri na sua cara, porque não existe. Fumam até em elevador.

Em Paris, os garçons são conhecidos por seu mau-humor e grosseria e qualquer garçom de botequim no Brasil podia ir pra lá dar aulas de "Como conquistar o Cliente".

Você sabe como as grandes potências fazem para destruir um povo? Impõem suas crenças e cultura. Se você parar para observar, em todo filme dos EUA a bandeira nacional aparece, e geralmente na hora em que estamos emotivos.

Vocês têm uma língua que, apesar de não se parecer quase nada com a língua portuguesa, é chamada de língua portuguesa, enquanto que as empresas de software a chamam de português brasileiro, porque não conseguem se comunicar com os seus usuários brasileiros através da língua Portuguesa.

Os brasileiros são vítimas de vários crimes contra a pátria, crenças, cultura, língua, etc...

Os brasileiros mais esclarecidos sabem que temos muitas razões para resgatar suas raízes culturais.

Os dados são da Antropos Consulting:

1. O Brasil é o país que tem tido maior sucesso no

combate à AIDS e de outras doenças sexualmente transmissíveis, e vem sendo exemplo mundial.

2. O Brasil é o único país do hemisfério sul que está participando do Projeto Genoma.

3. Numa pesquisa envolvendo 50 cidades de diversos países, a cidade do Rio de Janeiro foi considerada a mais solidária.

4. Nas eleições de 2000, o sistema do Tribunal Regional Eleitoral (TRE) estava informatizado em todas as regiões do Brasil, com resultados em menos de 24 horas depois do início das apurações. O modelo chamou a atenção de uma das maiores potências mundiais: os Estados Unidos, onde apuração dos votos teve que ser refeita várias vezes, atrasando o resultado e colocando em xeque a credibilidade do processo.

5. Mesmo sendo um país em desenvolvimento, os internautas brasileiros representam uma fatia de 40% do mercado na América Latina.

6. No Brasil, há 14 fábricas de veículos instaladas e outras 4 se instalando, enquanto alguns países vizinhos não possuem nenhuma.

7. Das crianças e adolescentes entre 7 a 14 anos, 97,3% estão estudando.

8. O mercado de telefones celulares do Brasil é o segundo do mundo, com 650 mil novas habilitações a cada mês. Na telefonia fixa, o país ocupa a quinta posição em número de linhas instaladas.

9. Das empresas brasileiras, 6.890 possuem cer-

tificado de qualidade ISO-9000, maior número entre os países em desenvolvimento. No México são apenas 300 empresas e 265 na Argentina.

10. O Brasil é o segundo maior mercado de jatos e helicópteros executivos.

Por que vocês têm esse vício de falar mal do Brasil?

1. Por que não se orgulham em dizer que o mercado editorial de livros é maior do que o da Itália, com mais de 50 mil títulos novos a cada ano?

2. Que têm o mais moderno sistema bancário do planeta?

3. Que suas agências de publicidade ganham os melhores e maiores prêmios mundiais?

4. Por que não falam que são o país mais empreendedor do mundo e que mais de 70% dos brasileiros, pobres e ricos, dedicam considerável parte de seu tempo em trabalhos voluntários?

5. Por que não dizem que são hoje a terceira maior democracia do mundo?

6. Que apesar de todas as mazelas, o Congresso está punindo seus próprios membros, o que raramente ocorre em outros países ditos civilizados?

7. Por que não se lembram que o povo brasileiro é um povo hospitaleiro, que se esforça para falar a língua dos turistas, gesticula e não mede esforços para atendê-los bem?

Por que não se orgulham de ser um povo que faz piada da própria desgraça e que enfrenta os desgostos sambando?

É, o Brasil é um país abençoado de fato. Bendito este povo, que possui a magia de unir todas as raças, de todos os credos. Bendito este povo, que sabe entender todos os sotaques. Bendito este povo, que oferece todos os tipos de climas para contentar toda gente. Bendita seja, querida pátria chamada Brasil!'

Tá faltando valor ao lugar que nascemos, crescemos e moramos.

É uma pena que a mídia grande não queira que vejamos o que acontece de bom no nosso país. Somos bombardeados com violência, corrupção e futebol diariamente. Parece até que nem temos coisas boas.

Assim fica difícil, realmente, de nos valorizarmos mais."[23]

Duas reflexões oriundas de um site português:

"Por que o povo brasileiro não valoriza a própria cultura?

Resposta de Márlon De Jesus

Acho que é reflexo do antilusitanismo surgido na fundação do país. Basta ver as modas surgidas na literatura nacional que se expressaram (expressam?)

---

23. https://jornalismocomcerveja.wordpress.com/2008/07/22/brasil-um-pais-que-nao-se-valoriza/.

noutros âmbitos: indianismo, francofilia, anglofilia e norte-americanofilia.

O que é tradicional no Brasil é o que é português, mesclado com importantes contributos indígena e africano; é o catolicismo e tudo mais que seja português.

João Camilo de Oliveira Torres diz em sua obra, 'Realidade Brasileira', que o antilusitanismo foi o maior pecado cometido por aqueles que fizeram a Independência, não obstante tenha sido a nossa mais sublime geração. Queríamos ter uma identidade própria e fomos buscar em terras estranhas (França, Inglaterra ou EUA) em lugar da velha fonte que nos deu Portugal.

Veja, não é condenar o comércio com qualquer país, os mais estranhos que sejam, ou a amizade com estrangeiros, mas é pôr limites prudenciais à influência de outros culturas a fim de conservarmos o que é nosso: a língua, a literatura, os nomes, a música, a arquitetura, a história, a culinária, a fé católica etc. Não faz mal querermos conservar o que é propriamente nosso, mas é sim um grande bem."[24]

"Por que os brasileiros não valorizam a sua história?

---

24. https://pt.quora.com/Por-que-o-povo-brasileiro-n%C3%A3o-valoriza-a-pr%C3%B3pria-cultura#:~:text=Por%20que%20o%20povo%20brasileiro%20n%C3%A3o%20valoriza%20a%20pr%C3%B3pria%20cultura%3F%20%2D%20Quora&text=Acho%20que%20%C3%A9%20reflexo%20do,%2C%20anglofilia%20e%20norte%2Damericanofilia.

Respondido por Xicor / Zaiko

Isso se deve ao fato dos próprios brasileiros não se interessarem por sua própria história, o Brasil tem uma história rica e incrível, mas os professores preferem falar mal dos Estados Unidos e ensinar ideologias comunistas nas escolas, além do estado e mídia não estarem interessados em falar sobre nossa história."[25]

Ao falar sobre o Brasil, é preciso tem um pouco de reflexão para NÃO ser mais um repetidor de manchetes.

Janeiro de 2021: viajei de férias para Natal/RN. Como compro os pacotes com um ano de antecedência, não previa que estaria no meio de uma pandemia, mas optamos por arriscar a ida assim mesmo. No entanto, ficamos muito preocupados com aglomerações, uma vez que o turismo nacional teve grande crescimento em virtude das restrições nas fronteiras pelo mundo. Com isso, contratamos um guia que fazia os passeios por trilhas e locais "mais exclusivos".

O "Riva", nosso espetacular guia de turismo, é bem conhecido por fazer passeios para blogueiros, famosos e gringos. Eu, preocupado com o orçamento, a certa hora falei ao guia: ***"Riva, pega leve nos lugares que você vai levar a gente porque não sou esses gringos que tem dólar para gastar sem se preocupar com o dia de amanhã".***

25. https://pt.quora.com/Por-que-os-brasileiros-n%C3%A3o-valorizam-a-sua-hist%C3%B3ria.

Na hora ele me respondeu: *"Cláudio, gringo não gasta fora do hotel. Quem gasta é brasileiro! Infelizmente eles vêm com uma visão muito errada do Brasil, acham que vão ser assaltados em todo lugar, que vão ser extorquidos nos restaurantes. Muitas vezes eles não compram nem água fora do hotel com medo de alguma intoxicação, envenenamento... Olha que absurdo! Muitas vezes não querem nem os guias locais por causa do medo de serem passados para trás também. Mas isso tudo é culpa nossa mesmo. Do que a gente manda lá para fora de notícias..."*

Você não precisa sentir na pele (e no bolso) o que o Riva sentiu. Com um pouco de reflexão, dá para perceber o quão danosa é essa nossa mania de propagar fofoca, valorizar mais a notícia que impacta negativamente do que o que a gente tem de bom. Isso é ruim para o turismo, como é ruim para nossa autoestima e, por consequência, para o empreendedor, que se sente inseguro com tanto foco em notícia ruim.

Por essa perspectiva, podemos considerar que, antes de mais nada, o empreendedor que investiu no Brasil deve ser considerado um corajoso, pois enfrentou "os fantasmas" que assombravam sua mente com suas próprias forças ao ponto de encarar os desafios independentemente do que era ecoado.

Este livro, portanto, tem o objetivo de ajudar nessa primeira etapa: a de exorcizar esses fantasmas que poluem a mente de quem busca alternativa para investir e vê no país uma série barreiras levantadas pelo seu próprio povo, pela sua própria mídia. Também para aquele que chega de fora, que não consegue ver muita coisa de diferente, porque se limita a buscar a segurança daquilo que lhe foi previamente recomendado por outros que também não conhecem a nossa versão real, conforme relatou o nosso guia de turismo, o Riva.

Tantas distorções e até a falta de capacidade intelectual para analisar o que é comunicado nos fazem replicar atributos negativos, o que resulta em estrangeiros receosos de investir no país e brasileiros sonhando com um futuro melhor fora do Brasil.

O mundo nos classifica como um país "em desenvolvimento" e esse termo, normalmente oriundo do âmbito econômico, pode ser atribuído também para a esfera social, mais precisamente ao comportamento da nossa gente.

Aí, o brasileiro vai tentar a vida na tão sonhada Europa. Depara-se com um custo de vida caro, preconceito, vida em local afastado dos badalados centros vislumbrados na Internet, e pior, falta de oportunidade de trabalho e uma economia que cresce pouco, quase que saturada. Das duas possibilidades, você escolhe uma: "viver para viver" ou "viver, com chance de evoluir".

Uma família de brasileiros que mora na Holanda relatou suas percepções daquele país em uma reportagem e, dentre alguns pontos, destacou a impressão de que lá não há estímulo ao consumismo e que as pessoas se sentem felizes com "o suficiente".

"Acho a Holanda um país muito igualitário, que não estimula o consumismo. Você vê que o pessoal é feliz com uma casa, uma bicicleta, uma ida ao parque, com as horas passadas com as crianças."[26]

É uma característica da Europa, na verdade uma característica das regiões mais antigas do planeta. Uma região, um povo e a economia bem estabilizados (inclusive emocionalmente) tendem a inibir o consumismo. Esse cidadão é uma pessoa que "vai viver para se manter vivo" até os últimos dias da sua vida.

Você acha que seria fácil empreender nesse local?

Tenho um amigo paraense, médico e bom de bola. Ele é uma referência brasileira em reprodução humana e muito bem de vida! Um dia, durante uma cervejinha pós-pelada dominical, ele estava contando sua experiência de três anos vivendo em Londres. Como eu já estava com o projeto de morar fora do país, não hesitei em lhe fazer três perguntas de uma só vez: Por que você foi para lá? Foi fazer o que lá? E, o mais importante, por que voltou?

26.https://g1.globo.com/educacao/noticia/e-um-pais-que-nao-estimula-o-consumismo-diz-casal-de-brasileiros-na-holanda.ghtml.

A resposta foi como eu gosto. Simples, objetiva e convincente.

"Fui para lá para estudar e trabalhar. Acreditava que conseguiria melhorar de vida, mas lá não é fácil... e lá é tudo muito "na média"... você não consegue fazer muito dinheiro lá, parece que é engessado de propósito para se manter a média de ganho da sociedade. Lugar para fazer dinheiro é aqui no Brasil!!!".

Percebem a aderência do relato da família que vive na Holanda com o que meu amigo médico presenciou e identificou em Londres?!

Bom, esse amigo médico, além da medicina, diversifica seus negócios em agropecuária, imóveis, entre outros tantos negócios que tem e ainda projeta ter. Tudo fruto de trabalho NO BRASIL.

Você, brasileiro, que está lendo esse livro agora, qual era um dos seus maiores sonhos na época dos 18 anos de idade? Deve ter uma listinha boa, não é?! Mas sem dúvidas em uma posição de destaque nesse ranking estaria "um carro", não é?!

Mais um exemplo de sociedade amadurecida: o IPC DIGITAL[27], um dos maiores portais dedicados aos brasileiros no Japão, publicou uma pesquisa em que mostra que 25% dos jovens japoneses entre 18 e 29 anos, afirmaram não ter sequer vontade em tal aquisição.

---

27. https://ipc.digital/jovens-japoneses-se-interessam-menos-em-comprar-um-carro-e-mais-em-aluga-los-segundo-pesquisa/.

As principais razões para justificar essa posição vêm dos 33% da amostra que afirmaram que carros não são bens necessários para o dia a dia. Outros 27% declararam que as despesas de manutenção, estacionamento, dentre outras, não justificariam a compra. Isto é, uma racionalidade claramente oriunda da maturidade social daquele povo.

Nesse mesmo aspecto, Fabrizio Maciel, Sócio diretor da Inception Consultoria e Pesquisa, comenta sobre a movimentação das empresas multinacionais para contornar essa estagnação em países que são considerados desenvolvidos e como o Brasil surge como opção de oportunidade de expansão:

"Na verdade, a falta de crescimento dos negócios dessas empresas nos mercados maduros, combinada com a desvalorização do real, torna o investimento mais barato no país e, por consequência, resulta em crescimento."

Percebeu a guinada para o Brasil em busca de novos negócios e sair da estagnação?

Bom, a ideia era a de que, até esse ponto do livro, você já se sentisse confortável para interromper a leitura, pois eu confiava que você haveria entendido que grande parte do comunicado sobre o Brasil é fruto de publicidade distorcida, captada e reproduzida por pessoas com pouco hábito de leitura e baixo interesse em analisar os fatos. O comportamento descrito é agravado por veículos de comunicação que exploram tais características para ampliar sua audiência e direcionar a sociedade para um movimento de interesses particulares dessas empresas (do próprio veículo de comunicação ou daqueles que os financiam).

Mas se você ainda não está convencido que o Brasil é um dos melhores lugares do mundo para se investir, terá que ler os dois próximos tópicos, que lhe oferecem mais alguns elementos para estimulá-lo a empreender no país sem tanta preocupação.

B. PASSIVIDADE

Indo direto ao ponto. Se você está esperando algum sinal real, seja econômico, midiático, governamental ou até de pessoas próximas de você que vivam no próprio Brasil, indo além, dos estrangeiros que fizeram apenas uma ou outra viagem de passeio por pontos turísticos ou mesmo a trabalho no país, esqueça!

Os estrangeiros que chegam ao país vão direto aos seus objetivos (profissionais ou lazer). Seus "pré-conceitos" não são desmistificados pelo nosso povo (pelos motivos que vimos acima) e, dessa forma, não geram elementos para te passar uma visão positiva local.

Isso significa que as informações que você quer do Brasil precisam ser garimpadas com sensibilidade e discernimento.

Antes de dar sequência, deixe-me ratificar dois pontos importantes:

- O *primeiro* deles é para relembrar que a "IPO" é interdependente e indissociável e, provavelmente você já deve ter percebido, é possível detectar a **IMATURIDADE**, **PASSIVIDADE** e **OPORTUNIDADE** dentro de cada um desses três tópicos;
- O *segundo* é com relação ao próprio termo **PASSIVIDADE**, pois, como disse anteriormente, o brasileiro é muito trabalhador, proativo e se adapta muito rapidamente às mais duras missões de trabalho; a **PASSIVIDADE** indicada nesse tópico é relacionada à aceitação da condição imposta pelos gestores (somos da paz).

Isso posto, vamos detalhar um pouco melhor esse termo PASSIVIDADE. O brasileiro é um povo pacífico e, de certa forma, ao meu modo de ver, isso é consequência também da massiva comunicação negativa veiculada, que vimos no tópico anterior.

Acontece que, diante de um cenário tão tenebroso que é comunicado, acabamos por entender que nossa vida está boa se tal ocorrido ainda não nos atingiu. Trata-se de um aspecto psicológico importante atuando nos indivíduos.

Outro fator relevante é a exploração excessiva um evento catastrófico pelos meios de comunicação, que, por consequência, acabam tornando a cobertura uma forma de banalização e aceitação social.

- **NOTA: mencionar inúmeras vezes, até com conotação crítica, a MÍDIA, não significa que eu a odeio. Muito pelo contrário. Eu vivo de comunicação e entendo que deva ser explorado o que gera audiência (é fazer o que o público quer ver). Sou extremamente contrário a qualquer tentativa de regrar a comunicação, mas enfatizo o papel, a importância social que nossos canais de comunicação têm na construção de uma nação para que ela seja boa ou ruim.**

Voltando. Os mais velhos vão lembrar do início dos anos 1980, quando houve os primeiros casos detectados de HIV no Brasil. O choque em uma nação conservadora pela forma de contágio e a morte de personalidades assombrava o país.

Tudo isso é um prato cheio para a exploração jornalística. No entanto, a relativa falta de critério e a massividade da comunicação sobre o tema geraram uma certa banalização do problema. Todos se julgavam conhecedores o suficiente sobre o vírus e uma ou outra pessoa infectada já não abalava. Mais uma ou outra morte era considerada comum.

O mesmo ocorre quando uma criança morre por bala perdida, quando se tem um arrastão ou troca de tiros entre policiais e traficantes a ponto de parar o trânsito em vias de grande movimento no Rio de Janeiro; e agora, mais recentemente, assistimos à exploração jornalística do COVID-19. Os fatos são chocantes sim, mas o "alongamento", o "fazer render" o assunto, cansa.

Cria-se um medo sem a preocupação de proporcionar esperança, pois a esperança diminuiu o seu impacto na comunicação e, por consequência, o interesse no conteúdo é reduzido.

Acho que você percebeu nesses últimos parágrafos que, independentemente do modelo da comunicação, a curva de interesse sobre o assunto massivamente comunicado ou didaticamente transmitido é praticamente a mesma.

Não vou entrar no mérito do que foi comunicado, pois isso já é de conhecimento mundial e já se desgastou. O importante é a forma como o brasileiro lida com a condição observada (e comunicada).

Fabrizio Rodrigues Maciel, ainda quando era *head* da área de Healthcare da IPSOS (líder global em pesquisa de mercado), com sua experiência em pesquisas na área de saúde, declara que o SUS (Sistema Único de Saúde público do Brasil) é um dos melhores (senão o melhor) sistema de saúde do mundo.

Eu, como tenho mais de dez anos fazendo trabalhos também para indústria farmacêutica, tive inúmeros projetos envolvendo pacientes e profissionais ligados ao SUS e ratifico tal declaração.

Mas, Cláudio, o que o SUS tem a ver com a passividade do brasileiro?

Não só tem a ver com a passividade do brasileiro, mas também com a comunicação sobre o sistema de saúde nacional. Um dos maiores pavores do cidadão é ficar doente e não ter um plano de saúde para se tratar no caso de algum problema médico. Indo mais além, um dos maiores medos de um funcionário é ser demitido e perder o seu convênio médico (quando empresa com a qual esse cidadão tem vínculo formalizado ofereça tal benefício). Tudo isso porque se veicula massivamente sobre a precariedade do sistema de saúde do país.

Sim, é verdade que há maior demanda de pacientes do que a capacidade de atendimento do SUS, mas isso não é uma regra. Seria como, por exemplo, se um jogador do FC Barcelona fosse preso por sonegar impostos e a notícia fosse vinculada como ***"FC Barcelona envolvido em esquema de sonegação fiscal"***, mas de forma contínua. O Brasil é um país com proporções continentais e se o intuito é buscar notícias relacionadas a um tema específico, você certamente irá achar. E, convenhamos, a busca por notícias do tipo se equipara à perseguição dos paparazzi em busca de manchetes sobre a princesa Diana.

No SUS existe uma ainda uma grande demanda de atendimento prévio (consulta), mas esta é maior em regiões mais afastadas e com grande densidade populacional. Tendo como base a cidade de São Paulo, um atendimento na periferia, no extremo da Zona Leste (Itaquera, por exemplo), vai demorar muito mais do que um atendimento na Zona Oeste (Perdizes), onde praticamente não há fila de atendimento para ser avaliado por um profissional de saúde.

Ah, Cláudio, tá vendo?! Por que não colocar mais postos de atendimento para essa região mais carente?

Não vamos politizar o tema. Claro que há limitação de atendimento e muito disso está vinculado ao orçamento do Estado para essa área, mas isso poderia ser mais bem gerido se houvesse uma distribuição via agendamento para esses pacientes dos extremos da cidade. Mesmo que demande um deslocamento maior, as pessoas com condições melhores de locomoção e menos urgência poderiam ser atendidas em unidades de saúde mais centrais e com um tempo de espera menor. Por outro lado, aquele posto de alta demanda ficaria focado em atender casos mais urgentes e de pessoas com maior dificuldade de locomoção com um raio de distância menor.

Por que isso não ocorre?

Esse é um tema que já vamos abordar mais detalhadamente, quando falarmos sobre a passividade na perspectiva dos gestores.

O ponto onde quero chegar é que, com as notícias da "calamidade médica", essas pessoas passam a entender que a situação é "normal". Onde está a informação de postos de saúde sem filas e que funcionam muito bem com um nível de satisfação extremamente alto segundo avaliação da população local?

Não é o tipo de notícia que gera audiência, seguidores, *likes* etc., e, pior, uma notícia dessas pode até ser benéfica a um político "X" do partido "Y" que, por acaso, é desafeto da empresa de comunicação. Portanto, por que apoiar?

Indo um pouco mais além, esse tipo de sentimento (de precariedade) faz com que o nível de cobrança do paciente seja praticamente zero com o prestador de serviços de saúde pública, isto é, a pessoa fica satisfeita com o simples fato de ter conseguido um atendimento.

Um desses projetos que fiz para a indústria farmacêutica consistia em entender a jornada do paciente que precisa usar bolsa de estomia, suas demandas e avaliar as preferências com relação às marcas disponíveis no mercado brasileiro.

Pois bem, em uma entrevista específica, o paciente declarou que foi buscar a sua bolsa de estomia (que o governo fornece gratuitamente) e não conseguiu, porque o produto estava em falta. Tentou a primeira, a segunda e a terceira vez sem sucesso, quando decidiu, a partir daquela data, comprar por contra própria o seu modelo preferido de bolsa (detalhe: estava em falta o modelo preferido do paciente e não a bolsa em geral – havia outras opções).

Acontece que a indisponibilidade da tal bolsa de estomia ocorreu por um problema de importação (são bolsas que não são fabricantes localmente). Essa informação foi passada pelo posto de saúde, mas no entendimento desse paciente, influenciado pelo seu pseudoconhecimento oriundo das notícias amplamente divulgadas pelos jornais sobre a estrutura da saúde no país, o fez associar o fato a uma condição de precariedade e negligência do Estado e não a um problema operacional pontual.

E essa interpretação por parte dos pacientes dependentes de serviço público de saúde vai além do direito por insumos. Olha que louco é isso! O paciente tem receio de solicitar exames e novos atendimentos com outras especialidades, pois acha que está tirando lugar de outro ou com medo de ser julgado pela instituição e os profissionais de saúde, de ser alguém que "usa em demasia" o serviço e, por consequência, pode ter seu "benefício" cortado.

Portanto, ter o atendimento básico já é o suficiente. Já satisfaz. Um cenário maravilhoso para os gestores que não querem direcionar recursos para área, pois, sem cobrança, não haverá ação.

O SUS pode ter suas limitações, mas é onde estão os melhores profissionais. O processo de seleção é rigoroso e via concurso. Os médicos que estão lá, em sua maioria, têm ligações com a parte acadêmica, são pesquisadores, ministram aulas para outros médicos, são KOL (*key opinion leaders* – Líderes de Opinião) e *speaker*s da indústria farmacêutica. Portanto, é um atendimento com médicos do mais alto nível.

Para efeito de justiça e registro, se há alguma dificuldade para atendimento básico, não se pode dizer o mesmo quando os pacientes são diagnosticados com doenças mais complexas, que geram despesas de medicamentos de alta tecnologia e exigem disponibilização de profissionais de primeira linha com as quais só o Estado tem condições de arcar. Esses pacientes entram em programas de seguimento de tratamento que são comparáveis aos melhores do mundo.

Pergunte a um paciente com LLA (leucemia linfoide aguda), de HIV ou qualquer outra patologia complexa, o como é ser tratado pelo SUS e veja o que vão falar do atendimento, da instituição e da equipe multidisciplinar de saúde.

Esse é um exemplo ligado à área da saúde, mas mencionei, lá no começo, um breve relato sobre a passividade no turismo. Isso ocorre em muitas áreas de negócio no país.

Esse conformismo, essa passividade, esse sentimento de "contentamento com o pouco que lhe é oferecido" não é fácil de se explicar por que é tão presente entre nós, mas uma coisa é fato e ficou muito clara nos relatos envolvendo o SUS: as expectativas sempre são ruins pelo preconceito preestabelecido na cabeça do brasileiro e transmitido pelos próprios brasileiros.

Também há algumas teses que tentam explicar tal passividade, como o artigo do Blastingnews[28] intitulado *"Vida de gado: como explicar a passividade do povo brasileiro?"* que, entre outras coisas, cita: *"Acredita-se que esse comportamento, que seria incomum em outros países vizinhos, como Argentina e Uruguai, tenha origem na descrença do brasileiro, que está cansado, exaurido, de lutar e sempre ser vencido pelo sistema, pela máquina pública".*

O mesmo artigo ainda traz:

"De acordo com o filósofo Fabiano de Abreu:

"Um povo pacato abre brechas para a falta de solução. Entendemos que o cansaço contínuo devido à 'metralhadora' de acontecimentos negativos que mexem com o emocional causa uma desmotivação. Mas devemos entender que sem ação não há consequências, não há resultados e não há mudanças."

---

28. https://br.blastingnews.com/sociedade-opiniao/2017/08/vida-de-gado-como-explicar-a-passividade-do-povo-brasileiro-001897667.html

A frase ***"acontecimentos negativos que mexem com o emocional causa uma desmotivação"*** está totalmente aderente com o que observamos no comportamento dos pacientes do SUS e com as consequências de um bombardeio de notícias negativas que acabam por construir um preconceito emocional que interfere diretamente no atitudinal. É necessária atitude para falar bem do país, atitude para cobrar dos gestores e a atitude para a iniciativa de empreender.

No mesmo artigo, também podemos ler: ***"Já para a doutora Rosilene Espírito Santo Wagner, os motivos de tal inércia estão ligados a fatores sociais, culturais e históricos, que formaram ao longo do tempo a personalidade e pensamento coletivo do povo brasileiro: 'Isso é uma construção cultural'."***

Se está enraizado e se passou a ser cultural, significa que será difícil de ser modificado. Essa inércia, do ponto de vista do empreendedor corajoso e que busca por informações, acaba sendo um aspecto positivo, pois quanto mais gente estiver inerte, menos concorrentes haverá no mercado.

Por outro lado, é uma inércia que interessa a quem governa. Um povo satisfeito, que murmura, reclama com resmungos, mas não ameaça o poder, é um povo fácil de se governar. Portanto, não espere que um governo egoísta e sedento por poder vá fazer algo para mudar isso.

Ah, Cláudio, então o aspecto político realmente é uma barreira para o desenvolvimento?

Negativo!

Nesse quesito, não há diferença entre os políticos no mundo quando nos referimos à ambição pelo poder. O que estamos levando em conta e colocando na balança é a passividade do povo brasileiro versus o interesse dos políticos em fazer com que essa característica mude.

Isso não impacta nas oportunidades que o Brasil oferece para empreender, mas na coragem de fazê-lo (o que é bem sério!).

O político brasileiro se acostumou a oferecer "migalhas" para manter seus seguidores sob controle. Como disse o escritor americano Orson Scott Card: ***"Se os porcos pudessem votar, o homem com o balde de comida seria eleito sempre, não importa quantos porcos ele já tenha abatido no recinto ao lado".*** Quanto mais o povo vai aceitando esses pequenos "agrados", maior será a longevidade dos mandatos daqueles políticos.

Ainda temos famílias tradicionais, principalmente no Norte e Nordeste do país, que estão no poder há anos. Um verdadeiro coronelismo.

Embora tenhamos eleições diretas periodicamente, nós, os eleitores, temos medo de mudar, pois temos medo de piorar a situação.

Outro ponto importante a se destacar, relativo ao ponto que afirma sermos "leitores de manchetes", é que escolhemos nossos candidatos pela popularidade, diria até pela **SONORIDADE**. Quando surge um candidato novo, com boas propostas e que pode mudar alguma coisa nessa estrutura de poder, o brasileiro acaba descartando-o pois não o conhece. E você acha que o brasileiro vai buscar informação sobre o candidato, ler suas propostas? Não lê nem quando precisa para planejar seu empreendimento, imagina para saber de "mais um candidato".

A consequência disso é o voto pelo mais conhecido, pelo "som familiar" do nome do candidato.

O governo do PT no Brasil se iniciou com Lula em 2003 e terminou com *impeachment* da Dilma em 2015. Esse período foi marcado pelo discurso desses presidentes de que eles governavam para os pobres e visavam erradicar a miséria no país.

É uma linha de oratória extremamente agradável do ponto de visa social, político e até de relacionamento internacional. Por detrás das cortinas, todos sabemos o que houve.

Basicamente, o governo usava os recursos do Estado para compra de votos na Câmara dos Deputados, no Senado Federal e para fomentar o programa "Bolsa Família". ***"O Bolsa Família é um programa da Secretaria Nacional de Renda de Cidadania (Senarc), que contribui para o combate à pobreza e à desigualdade no Brasil. Ele foi criado em outubro de 2003 e possui três eixos principais: complemento da renda; acesso a direitos; e articulação com outras*** *ações a fim de estimular o desenvolvimento das famílias. A gestão do Bolsa Família é descentralizada, ou seja, tanto a União, quanto os estados, o Distrito Federal e os municípios têm atribuições em sua execução. Em nível federal, o Ministério da Cidadania é o responsável pelo Programa, e a Caixa Econômica Federal é o agente que executa os pagamentos"*[29].

Obviamente, o programa exerce um papel importante de política social, mas a grande sacada é que o "pinga-pinga" de uma graninha na conta de uma família com poucos recursos é visto como algo quase que divino e, por sua vez, gera uma empatia com o político que era extremamente favorável à manutenção do poder.

É como a aquela imagem do burro que é estimulado a puxar a carroça, porque o seu dono lhe mostra uma cenoura na ponta de uma vara na frente do nariz e o bicho anda sem parar. Nunca consegue pegar o legume, mas tem esperança.

É um país assistencialista, mas há pensamentos divergentes no que tange a esse modelo de assistência disponibilizada no Brasil aos seus cidadãos. Não se sabe ao certo o motivo pelo qual o povo brasileiro transfere ao Estado toda a responsabilidade social, ou seja, a obrigatoriedade do governo em oferecer suporte, principalmente aos de baixa renda, mas é certo que essa "esperança" de que algo vai acontecer, como se fosse uma bên-

---

29. https://www.gov.br/cidadania/pt-br/acoes-e-programas/bolsa-familia

ção divina vinda dos céus, pode ser uma das razões dessa passividade.

Há um artigo[30] muito interessante publicado no XXVII Seminário de Iniciação Científica, escrito por Andrei Brendler da Silva, Luana Aline de Quadros e Flávia Flach que aborda esse tema observando o aspecto psicológico que o assistencialismo promove no cidadão brasileiro; coloco-o aqui na íntegra, pois um resumo com as minhas palavras certamente não explicaria tão bem como seus autores expuseram:

"ASSISTENCIALISMO NO BRASIL E SEUS EFEITOS SUBJETIVOS

INTRODUÇÃO

A cultura assistencialista se faz muito presente em nosso país, visto que a sociedade brasileira encontra-se sob grande desigualdade social e conta com grande parte da população vivendo sob condições de vulnerabilidade social. Hoje o trabalho voltado a esta população está pautado pelo Sistema Único de Assistência Social - SUAS, ou seja, no direito e não na caridade.

Como sabemos isso nem sempre foi assim, o assistencialismo baseado na caridade e na religiosidade esteve presente por várias décadas no Brasil, e suas práticas continuam presentes na sociedade até os dias de hoje.

---

30. https://publicacoeseventos.unijui.edu.br/index.php/salaoconhecimento/article/view/12812/11493

Entendemos como importante para a área da psicologia refletir sobre os efeitos subjetivos da cultura assistencialista na população brasileira, para posteriormente construir estratégias de trabalho junto dessas populações a fim de torná-las protagonistas de sua história e autônomas em relação as suas escolhas. Sendo assim, a partir dessa perspectiva será proposta uma reflexão de como as políticas assistenciais em nosso país vem a proporcionar uma dependência destes sujeitos, ocasionando em uma perda do protagonismo e culminando muitas vezes na perda da sua posição de sujeito de direito e desejo.

METODOLOGIA

Este trabalho é constituído a partir de uma pesquisa bibliográfica, tendo como fontes textos e artigos na área da Psicologia Social em relação a temáticas como desigualdade social, consciência e alienação.

RESULTADOS E DISCUSSÃO

O assistencialismo teve origem no país durante a época do Brasil colônia, desenvolvido principalmente pela igreja católica. As ações realizadas na época visavam a caridade, realizar o bem em nome de Deus, tendo como alvo a população pobre, crianças ou adolescentes abandonados, e pessoas de rua.

Dentre estas ações estavam as Casas da Roda que tinham como objetivo diminuir o número de crianças de rua. Até certo ponto na nossa história o assistencialismo foi a principal 'política de assistência social' do país e era realizada principalmente pela igreja, o estado pouco intervia nesta área e assim se manteve até o momento em que o governo passou a reconhecer a pobreza como uma questão social e política.

A partir de 1930 (após a crise mundial do capitalismo) o estado brasileiro passou a introduzir políticas sociais que se diferenciavam da maneira assistencialista. Entre as políticas criadas na época está a carteira de trabalho, a previdência social e o investimento em educação e saúde, porém grande parte destes direitos sociais ainda eram oferecidos apenas para aqueles com vínculos trabalhistas.

Só houve uma mudança significativa nesta questão a partir da constituição de 1988, quando ao lado da saúde e da previdência, os direitos sociais passaram a carregar um lugar de destaque, ganhando um sistema de proteção e o desenvolvimento de diversas políticas públicas visando a garantia de direitos para a população. Portanto, a lógica que trata a assistência social como um direito a todo cidadão é relativamente jovem em nosso país, o que acaba como sendo um dos principais motivos para que a cultura assistencialista ainda esteja presente nos dias de hoje.

Pode-se dizer que a principal diferença entre o assistencialismo e as políticas de assistência social é que no assistencialismo existe a entrega de um serviço por meio da doação, boa vontade, caridade ou favor, onde o trabalho é realizado muitas vezes sem o devido respeito à singularidade do sujeito. Já as políticas de assistência social são um direito do cidadão, uma política pública prevista na constituição a todos os brasileiros que necessitarem, estes, que sempre devem ter suas individualidades respeitadas.

Outra questão que diferencia estas duas ações é a maneira e a motivação pelo qual o assistencialismo é realizado, por diversas vezes sua motivação é de cunho narcísico, podendo envolver desde a busca por determinado status social, a tentativa de compensar atitudes causadoras de arrependimentos com 'boas ações' e até mesmo visando a adesão dos beneficiários em determinado pensamento ideológico ou religioso.

Outra questão é a maneira a qual ele é efetuado, onde devido a estas questões narcísicas, o prestador da assistência acaba por se colocar em uma posição superior a aquele que necessita do auxílio não o tratando como um sujeito de direito e de desejo, mas apenas como um incapaz carente de ajuda. Questões estas que não devem acontecer nas políticas de assistência social.

O assistencialismo vem gerar no sujeito atendido uma dependência pelo outro, onde é suprido somente a demanda assistencial, deixando de lado o desejo do sujeito. Por demanda se entende 'o apelo que o sujeito faz em busca de um complemento que é o objeto que pode satisfaze-lo, na demanda a sempre um pedido'. (Quinet, 2000, p.88).

É esse pedido que o assistencialismo sempre tenta suprimir, deixando de lado a autonomia e o protagonismo do sujeito.

Já o desejo se entende, por algo que fica reprimido e recalcado segundo Freud (1900), que perpassa as instâncias psíquicas de cada sujeito. É esse desejo que viabiliza o sujeito estar em constante movimento, e a partir dele que conseguiremos possibilitar o protagonismo do sujeito e sua subjetividade.

Partindo do psicólogo uma escuta atenta e desgarrada de julgamento e pré-conceitos, que vai propiciar ao sujeito um encontro com o seu desejo. Por isso entendemos o quanto é importante o trabalho do psicólogo junto a essas instituições que prestam um serviço assistencial, para que se busque desenvolver algo além de suprimir a demanda.

Também, podemos verificar dentro dessas instituições assistencialistas, a partir das contribuições de Lacan, a posição de poder e saber que estas apresentam aos sujeitos. Colocando-os numa posição de vitimização, inferioridade.

> *Um sujeito solicita a um outro colocado no lugar de mestre que trabalhe para produzir um saber que será convertido em proveito do próprio sujeito. Trata-se de uma posição na qual a reivindicação, por mais que seja formalmente 'atendida', não cessa nunca. (LACAN, 1969, p.27).*

Nesta condição o sujeito acaba aderindo uma posição passiva perante suas necessidades, uma posição paternalista onde acredita que é incapaz de realizar boas escolhas para si, onde o poder de mudança está nas mãos dos outros e não de suas próprias.

Na esperança que sentem de ser ajudados por aqueles que aparentam ser os detentores do saber, entram as instituições assistencialistas que irão reforçar muitas vezes esta ideia já presente na subjetividade dos sujeitos, tornando-os assim de certa forma dependentes da instituição para sobreviver, nestas ocasiões aquela ajuda que deveria ser eventual acaba se tornando uma regra, já que o sujeito não desenvolve a autonomia necessária para deixar a posição que se encontra.

Enquanto em uma posição passiva, o sujeito justifica os acontecimentos de sua vida como mero fatalismo, onde elas não têm o poder de mudança sobre estes mesmos acontecimentos, estando sempre a espera de um salvador, seja este religioso, político ou qualquer outro.

Também podemos observar um processo de alienação presente atualmente na sociedade brasileira no que diz respeito às questões da vulnerabilidade social.

O debate relacionado ao tema apesar de essencial, acaba sendo por muitas vezes deixado de lado pelos governantes e pela população, e a partir do momento em que estes se alienam da questão passam a naturalizar uma série de fatores que possivelmente irão resultar na estagnação dos sujeitos em situações de vulnerabilidade.

Dentre os fatores onde pode se observar esta naturalização estão a criminalidade, a miséria, o tráfico de drogas, a prostituição e a violência doméstica. Quando ocorre este processo o que acontece em seguida acaba influenciando diretamente na subjetividade daqueles que vivem nestas condições, onde estes muitas vezes culpabilizarão a si mesmos pela situação vivida, o que possivelmente irá gerar a busca pelo assistencialismo e por uma posição paternal a qual possa gerir suas vidas já que eles mesmos passam a acreditar que são incapazes.

Porém estas pessoas acabam por não levar em conta uma série de fatores que fazem ou pelo menos contribuem para que elas permaneçam nesta posição, como o desemprego, a falta de saneamento básico, a baixa qualidade no ensino público e a falta de planejamento histórica que o país tem em lidar com os seus problemas sociais, sendo o assistencialismo prestado muitas vezes, um contribuinte para que os indivíduos permaneçam em condições de dependência ao invés de contribuir para sua independência.

CONSIDERAÇÕES FINAIS

A Psicologia tem um papel muito importante a prestar ao lado da assistência social, com o objetivo de ajudar com que o sujeito se reconheça dentro de uma posição social passiva, auxiliando-o no desenvolvimento de sua autonomia.

Este trabalho tem de passar por uma visão diferente da que é oferecida pelo assistencialismo, o trabalho realizado não pode ser uma caridade para necessitados.

A partir da assistência social que trata o indivíduo como sujeito de direito e da psicologia que o trata como sujeito de desejo, este tem grandes chances de mudar de pensamento e perceber que são capazes de fazer suas es-

colhas e alcançar seus objetivos, compreendendo que o auxílio que estão recebendo é um direito de cidadão e não uma esmola originada de caridade.

A Psicologia necessita trabalhar as questões históricas e sociais destes sujeitos, buscar o protagonismo individual para que os mesmos possam desenvolver uma independência abandonado a posição passiva a qual se encontram."

Eu gosto muito da observância do aspecto emocional em tudo, bem como entender a história, como se construiu a condição atual, para facilitar o entendimento e eventuais decisões de ação e conclusão, mas sem dúvidas o aspecto emocional, aquele que muitas vezes não é dito pela palavra falada, diz muito mais sobre o contexto (no silêncio eu acredito!). Acredito que não são só a lógica e a mecânica da coisa que influenciam na conduta e no respectivo desfecho de uma situação qualquer.

As pessoas "usam máscaras" para tentar se adequar a uma condição favorável quando estão diante de uma situação qualquer em que considerem pertinente tal atitude. Muitas vezes, em algumas ocasiões, essa ação de "se mascarar" pode ser de cunho patológico, pois é feita durante um longo período de suas vidas. Isso ocorre por necessidade, "exigência social" ou até mesmo distúrbios psicológicos.

Por exemplo, quando um candidato a uma vaga de trabalho em uma empresa vai fazer a famigerada entrevista de emprego, é muito comum essa pessoa se preparar para responder aquilo que o recrutador quer ouvir, aquilo que a empresa precisa e não necessariamente o que essa pessoa é capaz de fazer.

Há situações, inclusive, da pessoa "atuar" para não deixar transparecer uma característica que ela própria julga ser perigosa para suas pretensões, caso essa seja revelada ao seu interlocutor, até porque isso é muito comum no cotidiano.

Essa máscara aparece em vários momentos da nossa vida. Vai desde uma simples paquera, quando você tenta passar uma imagem para o "alvo" pretendido, até quando você se veste para ser aceito na sociedade (se no seu contexto a moda for importante); enfim, tal comportamento é comum!

É sempre bom fazermos essa reflexão pela perspectiva de alguém de fora, que observa o ambiente como um visitante quando chega a um lugar pela primeira vez. Eu tenho um trabalho, um livro chamado FILOGEMINISTRAÇÃO – O CONCEITO, que trata exatamente desse tema, ou seja, leva à reflexão o ambiente em que vivemos e auxilia a entender melhor o que se passa com o que está a nossa volta e até entender o que ocorre conosco. Enfim, fica a dica de leitura.

Entendo que, ao conhecer os aspectos emocionais do contexto ao qual uma pessoa está inserida, é possível ir mais profundamente nas causas, efeitos, consequências e encontrar um melhor caminho para eventual ação/decisão.

Por isso há muitas críticas ao modelo assistencialista brasileiro, pois alguns analistas entendem que essa dependência das pessoas por subsídios do Estado gera longevidade no programa assistencial sem que esses indivíduos consigam sair da miséria e, claro, como disse anteriormente, essa dependência gera longevidade também aos gestores que usam tal artifício para se manterem no poder.

É o que um antigo provérbio chinês de Lao-Tsé conhecido como "Tao Te Ching" (filósofo da China antiga), diz: ***"Dê ao homem um peixe e ele se alimentará por um dia. Ensine um homem a pescar e ele se alimentará por toda a vida."***

Especialistas entendem que um programa social deve ser mais estruturado para que um cidadão não seja dependente de assistência, possa ser produtivo e passe a ser um contribuinte e, porque não, um empreendedor e até um empregador.

De qualquer forma, um povo semeado com migalhas prefere isso do que não ter nada. Mas não percebe que tem direito a muito mais. Não percebe que está sendo manipulado. Não percebe que com essa passividade, sua perspectiva social e de gestão não mudará tão cedo.

A imaturidade e passividade do povo brasileiro continuará favorecendo políticas públicas medíocres e oportunistas. Isso sempre existiu na história, só que a humanidade não parou de evoluir por sua causa. Sempre existirá alguém sagaz (no pior dos sentidos) que achará uma forma de liderar e explorar algum grupo social.

Impérios caem, modelos de gestão são renovados sempre. Acredito que estamos em um momento de transição do modelo de gestão social. A divisão política, social, enfim, os conflitos pelo mundo, pelos mais diversos motivos, demonstram a saturação do modelo atual. Preocupa-me mais várias guerras civis do que uma Terceira Guerra Mundial (vide a invasão da Rússia na Ucrânia). Uma guerra tem um custo absurdo (monetário, político e de vidas). Atualmente uma guerra de grandes proporções seria uma catástrofe sem vencedores (e os chefes de Estado sabem muito bem disso).

Mas, voltando ao ponto, o que isso te impede de empreender no Brasil? Aponte qual é a grande diferença do Brasil e das outras nações nesse quesito de distúrbios sociais? Nessa reflexão você irá perceber que no Brasil "a coisa" está muito mais tranquila.

Em meio a crises, seja social como essa que mencionamos há pouco ou de saúde, como a do COVID-19, emergem também as ações dos governantes. Essa fusão entre interesse político, oportunismo e exploração da fragilidade do povo promove movimentação administrativa. Recentemente, presenciamos uma corrida pela vacina do

COVID-19 na qual o Governador de São Paulo e o Presidente da República (focados na disputa presidencial de 2022) discutiam como crianças sobre eficácia, custo, quem disponibilizaria primeiro a tal vacina etc.

O lado bom disso é que um tira o outro da inércia. Enquanto um trabalha com laboratório chinês, outro buscava alternativas em outros países, com diversos laboratórios, para tentar oferecer primeiro a tal vacina.

A evidente concorrência política já estava aflorada antes mesmo da COVID-19 ser conhecida pelo mundo. Em 2020, o governo federal e o municipal da cidade de São Paulo anunciaram seus programas para estimular o empreendedorismo.

Através da Portaria nº 2.558, de 6 de outubro de 2020, o governo federal "[i]nstitui o 'Programa Horizontes', que dispõe sobre ações de fomento e desenvolvimento do empreendedorismo e inovação entre a juventude no Brasil", cujos principais objetivos são:

> *"I - Fomentar e desenvolver o empreendedorismo e a inovação entre jovens;*
>
> *II - Aumentar a qualificação dos jovens para a criação e manutenção dos seus próprios negócios;*
>
> *III - Criar oportunidades de emprego e geração de renda;*

IV - Capacitar jovens para possibilitar sua integração nas redes econômicas por meio do nano e microempreendedorismo, desenvolvimento de habilidades interpessoais e orientação vocacional; e

V - Aperfeiçoar negócios já existentes por meio de orientação especializada."[31]

Ainda em âmbito federal há também um foco interessante no desenvolvimento de empreendedores inovadores com ideias de *startups* ou mesmo que estejam em funcionamento e precisem de suporte para sair do papel ou crescer. O programa é chamando de StartupPoint e é *"onde o empreendedor(a) inovador(a) tem acesso aos programas de apoio do Governo Federal para que você crie sua startup, se capacite, receba mentoria e se conecte ao mercado nacional e internacional."*[32]

Por outro lado, a Prefeitura de São Paulo, através do Decreto nº 59.687, de 13 de agosto de 2020, *"[i]nstitui a Política Municipal de Apoio ao Empreendedorismo, voltada às microempresas, empresas de pequeno porte e às cooperativas, nos termos que especifica."*[33]

---

31. https://www.in.gov.br/en/web/dou/-/portaria-n-2.558-de-6-de--outubro-de-2020-281542200.

32. https://www.gov.br/startuppoint/pt-br.

33. http://legislacao.prefeitura.sp.gov.br/leis/decreto-59687-de--13-de-agosto-de-2020.

É verdade que citei ações para o pequeno empreendedor, mas o ponto que estamos tratando nessa etapa do livro é da passividade do povo brasileiro e de seus governantes, mas, como você viu, felizmente o país já dá sinais de que quer mudar esse cenário.

A iniciativa dos governantes pode ser, em grande parte, motivada por pretensões políticas, mas é inegável o avanço que isso traz para quem quer empreender. Ao mesmo tempo é preciso motivar as pessoas para que utilizem os programas e cobrem melhorias deles.

À medida em que o processo se torna cíclico, isto é, apoio do governo com utilização, feedback e mais exigências dos usuários, melhores tendem a ficar as condições para empreender, um efeito semelhante ao da bola de neve.

Imagine se a imprensa, ao invés de focar nas catástrofes, passasse a publicar iniciativas como essa e fazer programas de inclusão empreendedora; o quanto a economia não cresceria e, por consequência, uma parte dessa movimentação financeira se destinaria à própria mídia em forma de anúncios dos novos empreendedores e de outros já atuantes no mercado que se beneficiariam com o giro de capital e teriam mais recursos para investir em comunicação.

Seria muito melhor, e quando digo que "seria muito melhor", pode ser que o pessimista acostumado com notícias catastróficas entenda que a situação do país está ruim para quem quer empreender. Felizmente não está!

Se até o momento você não se convenceu de que o Brasil vive sob uma névoa de notícias ruins que encobrem seu potencial de oportunidades e com uma população acostumada com a sensação de impotência, que contribui para não conseguir dissipar essa nebulosidade, apresento agora no próximo tópico uma pequena amostra de oportunidades.

C. OPORTUNIDADES

Falamos de características típicas do brasileiro em todos os tópicos e nesse não será diferente, mas, para um empreendedor, talvez essa característica do nosso povo seja a mais importante dentre aquelas que se esperam de um cliente: o desejo de gastar.

O brasileiro é consumista! Gasta dinheiro para suprir necessidades básicas e também de cunho emocional. O âmbito emocional não é novidade em qualquer tipo de consumidor global, mas no Brasil é comparável a uma terapia, embora os termos tara ou até patologia caibam perfeitamente.

Qual empreendedor não quer um público com essa característica? É como se fosse um pescador indo praticar em um “pesque & pague” onde os peixes são tão famintos que é possível fisgar um bicho até sem colocar a isca.

Vamos a alguns dados. O SPC, um dos principais birôs de crédito do Brasil, publicou uma pesquisa[34] que trata exatamente da influência do aspecto emocional na atitude do consumidor brasileiro:

"36% DOS CONSUMIDORES FAZEM COMPRAS PARA ALIVIAR O ESTRESSE, APONTA PESQUISA DO SPC BRASIL

Comprar, mesmo sem planejamento, é o lazer preferido para três em cada dez entrevistados

Meditar, fazer ioga, praticar esportes, comer… Para muitos consumidores estressados, o melhor remédio para se livrar das angústias do dia a dia é usar o cartão de crédito e encher o carrinho de compras. Um levantamento realizado em todas as capitais e no interior do país pelo Serviço de Proteção ao Crédito (SPC Brasil) e pela Confederação Nacional de Dirigentes Lojistas (CNDL) revela que mais de um terço (36,3%) dos entrevistados admite que o ato de fazer compras é uma forma que eles encontram para aliviar o estresse do cotidiano, principalmente as mulheres (43,7%) e os consumidores das classes A e B (40,2%). Além disso, quase a metade dos consumidores (47,7%) admite fazer comprar para se sentir bem.

O levantamento aponta ainda que três em cada dez (29,5%) consumidores concordam que fazer compras me-

34. https://www.spcbrasil.org.br/pesquisas/pesquisa/1207.

lhora o humor e 24,5% confessam realizar compras quando se sentem deprimidos. O estudo demonstra que as mulheres são mais suscetíveis às emoções quando compram por impulso. São elas quem mais admitem a sensação de prazer ao comprarem algo sem planejar (37,7% contra 26,5% dos homens), além de serem as que mais citam o ato de fazer compras como o tipo de lazer preferido (35,9% contra 23,3% do total de entrevistados).

Encontram-se também entre as mulheres os maiores percentuais de consumidores que se valem das compras por impulso quando estão deprimidas (30,5% contra 18,3% dos homens). Quanto à faixa etária, o levantamento indica que os mais jovens são os que mais ficam entusiasmados e se divertem ao comprar produtos não planejados (41,8% contra apenas 19,6% das pessoas acima de 55 anos).

Segundo o educador financeiro do portal 'Meu Bolso Feliz', José Vignoli, as emoções desempenham um papel fundamental nas compras realizadas impulsivamente. 'O estado emocional explica o comportamento impulsivo do consumidor. Se o consumo fosse uma experiência puramente racional, a inadimplência seria bem menor do que temos hoje. As pessoas comprariam estritamente o necessário e raramente romperiam os limites do próprio orçamento, pois seriam capazes de avaliar adequadamente as consequências de uma aquisição desnecessária e de resistir ao impulso da compra, por mais que se sentissem atraídos por um produto na vitrine', explica Vignoli.

Consumidor compra por impulso para não 'perder boa oportunidade'

Por que é tão difícil evitar uma compra desnecessária mesmo sabendo que poderá haver consequências negativas para o próprio orçamento? O estudo demonstra que em situações de compras impulsivas o imediatismo e a necessidade de urgência acabam sendo mais fortes do que a capacidade de reflexão do consumidor. A maior parte dos entrevistados (44,5%) não consegue resistir aos próprios desejos porque acredita que se não realizarem aquela compra, mesmo que o produto seja desnecessário, vão desperdiçar uma 'boa oportunidade'. Outros 36,9% admitem que quando surge o desejo de comprar algo, eles não sossegam enquanto não concretizarem a compra, sobretudo as mulheres (41,6%).

'É como se ao verem um produto muito desejado ou com preço atrativo as pessoas abdicassem de refletir sobre a compra momentaneamente', explica Vignoli. Exemplo disso, é que 30,1% dos entrevistados gastam mais do que o previsto em promoções com medo de acabarem se arrependendo depois e quase um terço (32,9%) admite que, geralmente, compra produtos que nem tinha a intenção de adquirir antes de entrar numa loja.

O apelo ao consumo pode ser tão intenso que os consumidores simplesmente esquecem momentaneamente dos efeitos que a compra pode ter sobre o orçamento: 30,7% admitem que ao ver um produto atrativo não pensam nas consequências da compra antes de efetivá-la e mais de um quarto (25,8%) dos entrevistados reconhecem não ter o costume de avaliar todos os aspectos envolvidos numa compra. E o resultado desse comportamento não poderia ser outro: muitos acabam ficando com o or-

çamento mais apertado. Segundo a pesquisa, 30,8% dos consumidores reconhecem que estão com as finanças pessoais descontroladas por causa de compras impulsivas.

Controle dos próprios atos

Para o educador financeiro José Vignoli, os resultados da pesquisa mostram que para o consumidor controlar seus impulsos de compras não planejadas é importante que ele saiba identificar, primeiramente, o próprio estado emocional. 'Ir às compras quando se está mal pode ser perigoso, já que o consumidor estará mais vulnerável a utilizar o consumo como gatilho. Certamente, não há uma fórmula para evitar o consumo impulsivo, mas entender que as emoções influenciam em nossas decisões pode ajudar a tornar o consumidor mais consciente e controlado no momento de decidir por uma compra', afirma o educador.

Na avaliação da economista-chefe do SPC Brasil, Marcela Kawauti, estabelecer um controle orçamentário ajuda o consumidor a ter uma visão mais ampla das pendências financeiras, além de evitar que o dinheiro comprometido com gastos fixos e inadiáveis seja gasto impulsivamente em compras momentâneas. O estudo mostra que 40,3% dos entrevistados estão ou já estiveram com o nome sujo por extrapolar nas compras sem pensar. 'Um dos principais problemas associados ao comportamento compulsivo é o risco de endividamento excessivo. Quando as dívidas vão se acumulando e comprometem o dinheiro destinado aos gastos imprescindíveis, como despesas da casa e contas de primeira necessidade, é hora de o consumidor procurar ajuda porque ele pode cair na inadimplência', alerta a especialista.

Metodologia

A pesquisa foi realizada pelo Serviço de Proteção ao Crédito (SPC Brasil) e pela Confederação Nacional de Dirigentes Lojistas (CNDL) com 745 consumidores acima de 18 anos nas 27 capitais e procurou compreender o papel das emoções no comportamento das compras impulsivas. A margem de erro é de 3,5 pontos percentuais com uma margem de confiança de 95%."

O estudo acima tem a intenção de mostrar os riscos de endividamento e respectiva perda de controle do orçamento pessoal que esse comportamento impulsivo de compra pode gerar, mas ratifica o ímpeto pela compulsão pelo consumo.

Devemos observar dois pontos importantes a partir dessa pesquisa:

1) Embora haja estudos como o que vimos acima sobre esse comportamento, não vemos movimento para reeducar essas pessoas (de ambos os lados), isto é, governo e entidades de crédito fazem pouquíssimo ou quase nada para ajudar o consumidor, que não está nem aí com esse tipo de problema;

2) A dinâmica de oferta de crédito normalmente fica por conta das instituições financeiras e das administradoras de cartão. Enquanto o cidadão tem seus limites disponíveis, há consumo até o momento em que a inadimplência faça-o findar. Portanto, o empreendedor tem uma boa margem de segurança para vender, pois o financiamento não está consigo, mas com as instituições financeiras.

É importante destacar que o brasileiro é um povo muito preocupado com a idoneidade do seu crédito (nome limpo na praça), ou seja, em caso de inadimplência e apontamento dos birôs de créditos, essa pessoa concentra seus esforços para honrar esse compromisso.

O SPS divulgou outra pesquisa[35] que mostra o quão seduzível é o consumidor brasileiro:

"CLASSES C, D, E SÃO AS QUE MAIS COMPRAM SEM NECESSIDADE MOTIVADAS POR PROMOÇÕES, DIZ SPC BRASIL

Pesquisa investigou hábitos relacionados ao consumo e economia de dinheiro do consumidor brasileiro

Uma pesquisa realizada pelo Serviço de Proteção ao Crédito (SPC Brasil) e pela Confederação Nacional de Dirigentes Lojistas (CNDL) buscou identificar os compor-

35. https://www.spcbrasil.org.br/pesquisas/pesquisa/2687.

tamentos consumistas dos brasileiros de acordo com seus hábitos relacionados à utilização e à economia de dinheiro. Os resultados considerados no levantamento foram baseados nos entrevistados que concordaram ou discordaram das afirmações apresentadas, e os dados mostram que um terço (33%) desses consumidores compra sem necessidade motivado por promoções, especialmente entre as classes C, D e E (35%), entre as mulheres (38%) e as pessoas de 18 a 34 anos (42%). Outro dado mostra que 22% afirmam ter esse comportamento na maioria das vezes.

Ainda com relação a práticas consumistas, 42% dos consumidores que responderam à pergunta costumam comprar parcelado para conseguir comprar tudo o que querem, enquanto quatro em cada dez (40%) não procuram meios alternativos para economizar em saídas ou baladas, como reuniões em casa ou na casa de amigos.

O educador financeiro do SPC Brasil e do portal Meu Bolso Feliz, José Vignoli, diz que, principalmente devido à recessão, é preciso administrar o orçamento pessoal com cautela. 'Estamos no início do ano e, ao que tudo indica, ainda teremos dificuldades em 2017. Portanto, é importante controlar os impulsos de consumo e evitar locais e situações tentadoras que favoreçam compras desnecessárias', avalia.

Maioria dos entrevistados diz adotar alguma prática de consumo colaborativo para economizar

Apesar de uma parte considerável dos entrevistados admitir ter atitudes consumistas, o estudo indica que a maioria dos consumidores diz adotar práticas colaborativas ou conscientes com o objetivo de economizar. Oito em cada dez (78%) fazem em casa serviços que poderiam ser contratados fora, como cinema, lanches, manicure e pet shop, 74% utilizam transporte coletivo ou caronas (principalmente as mulheres, 80%, e as classes C, D e E, 78%), e 51% vão aos lugares a pé ou de bicicleta para poupar com transporte (sobretudo entre as classes C, D e E, 55%).

Segundo a economista-chefe do SPC Brasil, Marcela Kawauti, o mau momento da economia estimula essas atitudes, que são estratégias capazes de fazer com que o orçamento renda mais. 'Abrir mão da comodidade de contratar um serviço fora de casa, ou de gastar com algum item supérfluo, pode ser a diferença entre o equilíbrio e o desequilíbrio financeiro. É importante que o consumidor faça a distinção entre o que é necessidade e o que é desejo, e, nesse segundo caso, tenha clareza de quanto ele pode gastar', afirma.

José Vignoli diz que a adoção de práticas de consumo colaborativo pode contribuir para o bem de todos. 'As atitudes individuais podem, sim, fazer a diferença. Nos grandes centros urbanos, por exemplo, a utilização de meios de transporte coletivo ou alternativo faz toda a diferença', finaliza.

Metodologia

A pesquisa buscou investigar as formas de uso dos recursos financeiros dos brasileiros no dia a dia, considerando hábitos relacionados ao consumo e à economia de dinheiro. Foram entrevistados 606 consumidores acima de

18 anos, de ambos os gêneros e de todas as classes sociais nas 27 capitais. A margem de erro geral é de 4,0 pontos percentuais para um intervalo de confiança a 95%."

Por esse estudo, vimos que até entre as classes mais baixas da sociedade brasileira existe o consumismo. Muitas empresas, inclusive, se especializaram em vender para o público de baixa renda e se tornaram as maiores potências comerciais do país e hoje já diversificam suas atividades inclusive no universo digital.

Se por um lado há consumismo, significa que a preocupação com "guardar dinheiro" é pequena. A Confederação Nacional de Dirigentes Lojistas (CNDL) publicou em seu site uma pesquisa[36] que evidencia o tema:

> ***"EM CADA DEZ BRASILEIROS, SETE NÃO CONSEGUIRAM POUPAR DINHEIRO EM AGOSTO, REVELA INDICADOR CNDL/SPC BRASIL***

66% dos poupadores colocam dinheiro na velha caderneta de poupança, principalmente, pela facilidade de resgate. Somente 16% dos que poupam guardam pensando na aposentadoria e 42% tiveram de resgatar ao menos

---

36. https://site.cndl.org.br/em-cada-dez-brasileiros-sete-nao-conseguiram-poupar-dinheiro-em-agosto-revela-indicador-cndlspc-brasil/.

parte do dinheiro poupado

Com o desemprego ainda elevado e o poder de compra comprometido, o brasileiro não está conseguindo guardar dinheiro, seja para realizar um sonho de consumo, preparar-se para a aposentadoria ou simplesmente lidar com imprevistos. Dados apurados pela Confederação Nacional de Dirigentes Lojistas (CNDL) e pelo Serviço de Proteção ao Crédito (SPC Brasil) revelam que 67% dos consumidores brasileiros não conseguiram guardar nenhuma parte de seus rendimentos no último mês de agosto – o percentual é ainda maior considerando as pessoas das classes C, D e E (71%). Já entre as pessoas de renda mais alta (classes A e B), o percentual de não-poupadores é de 54%, um dado expressivo e que revela que o hábito de poupança não é frequente mesmo entre pessoas que recebem um salário maior.

Em agosto passado, apenas 22% dos entrevistados foram capazes de poupar ao menos parte do salário, sendo que cada poupador guardou em média, R$ 546,61. O baixo número de poupadores tem se mantido estável ao longo da série histórica, sendo que em agosto de 2018 girava em torno de 16%.

Entre os brasileiros que não pouparam nenhum centavo, 40% justificam possuir uma renda muito baixa, o que inviabiliza ter sobras no fim do mês. Outros 18% foram surpreendidos por algum imprevisto financeiro, 15% fizeram gastos extras atípicos com reformas, tratamentos médicos e compras, por exemplo e 13% reconhecem ter perdido o controle sobre os próprios gastos.

‘A crise econômica tem seu papel no resultado da baixa poupança. Com desemprego presente em muitos lares, o orçamento familiar tornou-se mais apertado e, em alguns casos, insuficiente até para honrar compromissos já assumidos. No entanto, não se pode ignorar que muitos consumidores não dão a devida importância para a formação de uma reserva financeira. O consumidor deve ter em mente que um orçamento controlado pode fazer toda a diferença. O ideal não é poupar somente o que sobra no fim do mês, mas sempre reservar uma quantia fixa, encarando o valor destinado para a reserva como mais um compromisso mensal’, afirma a economista-chefe do SPC Brasil, Marcela Kawauti.

61% dos poupadores guardam dinheiro para lidar com imprevistos e 42% tiveram de sacar ao menos parte do dinheiro em agosto.

O levantamento ainda mostra que a maior parte dos poupadores busca proteger-se contra imprevistos como doenças, morte de entes ou mesmo o desemprego (61%). Há também 42% que poupam pensando em garantir um futuro melhor para a família, 16% que poupam com o intuito de comprar a casa própria e 14% que citam a intenção de abrir um negócio. A reserva financeira com foco na aposentadoria foi citada apenas por 16% dos entrevistados.

Para o educador financeiro do SPC Brasil, José Vignoli, é preocupante que uma minoria dos poupadores tenha como objetivo guardar dinheiro para garantir uma aposentadoria tranquila. ‘A preparação individual para a aposentadoria ganha ainda mais força neste momento em que se discute a reforma da previdência. Um futuro tranquilo nas finanças depende de um esforço feito no presente. Muitos acham que não vale a pena, pois sobra pouco dinheiro. Porém, o hábito de poupar é mais importante do que o valor que se guarda mensalmente, já que com o passar do tempo, essa quantia vai aumentando gradativamente com o efeito dos juros da aplicação', alerta o educador.

Entre os que poupam, 42% tiveram de sacar ao menos parte desses recursos em agosto, principalmente para pagar contas do dia a dia (32%), quitas dívidas (30%) e lidar com imprevistos (26%).

A velha poupança lidera ranking de investimentos do brasileiro; 33% citam facilidade de resgate e 21% acreditam não ter dinheiro suficiente para diversificar aplicações.

O levantamento ainda revela que o principal destino do dinheiro poupado pelos brasileiros continua sendo a velha caderneta de poupança, citada por 66% dos entrevistados. Também chama a atenção o fato de que 21% deixam a quantia parada na conta corrente e 18% guardam dinheiro em casa. Outras modalidades mais sofisticadas como o tesouro direto e CDBs foram citados por 11% e 9%, respectivamente.

'A preferência majoritária pela poupança, que tem baixo rendimento, ou por guardar dinheiro na própria casa, por exemplo, demonstra que mesmo entre aqueles que guardam dinheiro, há falta de conhecimento e interesse em buscar aplicações mais rentáveis e adequadas para cada tipo de objetivo financeiro', explica a economista Marcela Kawauti.

De acordo com a pesquisa, entre aqueles que optam pela poupança, guardar dinheiro em casa ou na conta corrente, 33% garantem que o fazem pela facilidade de sacar o dinheiro a qualquer momento. Já 21% alegam não ter dinheiro suficiente para investir em outras modalidades e 19% citam a questão do hábito no uso das opções mais tradicionais. Além desses, 16% têm medo de perder o valor aplicado e 11% alegam não ter conhecimento suficiente para investir.

'A carteira de investimentos do poupador brasileiro é bastante conservadora. Para compensar a perda de rentabilidade de modalidades atreladas à taxa Selic ou à taxa DI, que têm rendido pouco atualmente com os juros em patamar baixo, o poupador que quiser obter mais ganhos terá de diversificar suas aplicações. Isso depende de uma análise criteriosa que leva em conta o apetite ao risco do investidor e também do objetivo daquela aplicação', afirma a economista Marcela Kawauti.

Metodologia

O indicador abrange 12 capitais das cinco regiões brasileiras: São Paulo; Rio de Janeiro; Belo Horizonte; Porto Alegre; Curitiba; Recife; Salvador; Fortaleza; Brasília; Goiânia; Manaus; e Belém. Juntas, essas cidades somam aproximadamente 80% da população residente nas capitais. A amostra, de 800 casos, foi composta por pessoas com idade superior ou igual a 18 anos, de ambos os sexos e de todas as classes sociais. A margem de erro é de 3,5 pontos percentuais a uma margem de confiança de 95%."

A pesquisa acima precisa ser analisada em três aspectos importantes que compõem o texto:

a) A preocupação dos indivíduos com a crise e desemprego;

Esse aspecto tem um pouco de tudo de que falamos até aqui, isto é, temos um cenário de crise propagado por todo canal de comunicação e, com isso, a insegurança inibe um investimento a longo prazo.

Agora, reflita um pouco. Olhe ao redor do mundo e veja se as economias de vários países importantes não estão sempre oscilando e gerando preocupação dos seus gestores.

Desde que me conheço por gente ouço falar em crise. Felizmente sobrevivi, ganhei e perdi dinheiro, mas nunca faltou oportunidade de negócios em todos os momentos.

A crise é como uma gangorra. Enquanto alguns perdem, outros se beneficiam da situação. Vide a pandemia da COVID-19. Pelo menos aqui no Brasil, supermercados faturaram absurdamente e ampliaram suas redes de lojas no meio da crise.

Os setores de bebidas, alimentos e até eu faturei mais no ano de COVID-19 do que no ano anterior, pois as grandes empresas queriam entender o cenário e se planejar para o futuro.

Um desses projetos foi curioso. Uma empresa do ramo de estética encomendou um trabalho para entender o cenário da pandemia e a projeção de futuro, pois imaginava-se que haveria grande impacto econômico na renda das famílias, já que a estética ficaria para segundo plano e a empresa que dependesse desse segmento estaria condenada a perdas estrondosas.

O projeto estava dividido em três momentos: avaliações em junho, julho e agosto de 2020. Nas duas primeiras etapas tivemos relatos de muita preocupação dos profissionais que prestavam serviços de estética, mas menos do que a empresa esperava diante de um cenário de terror que se desenhava (conforme era comunicado pela imprensa).

A terceira etapa foi suspensa por um mês, pois as expectativas negativas não se concretizaram. Isto é, as vendas de produtos estéticos dispararam!

No mês subsequente tentamos entender o que havia acontecido e ninguém conseguiu explicar ao certo. Pressupõem que, com a clausura do *lockdown*, as pessoas passaram a se observar mais no espelho, tiraram mais fotos para postar nas redes sociais e até a proximidade maior do casal fizeram com que os comentários de marcas de expressão da idade sejam pauta à mesa ao jantar.

Enfim, o certo é que empresa e profissionais de estéticas estavam eufóricos com o movimento e o faturamento alto. Inclusive um médico que faz preenchimento facial comentou: ***"Claudio, é in-***

crível... uma moça queria fazer preenchimento labial de qualquer forma. Eu perguntei para ela: -- mas por que você quer fazer preenchimento labial se você está usando máscara o tempo todo? E a cliente respondeu, simplesmente, que só queira ficar bonita..."

É sempre assim! A pandemia do COVID-19 não promoveu a última crise da história da humanidade e outras mais virão. Uns ganham e outros perdem. Faz parte do jogo. Nas próximas crises que você vivenciar, ligue o "botão observador" do seu cérebro e veja quem está ganhando e quem está perdendo naquele momento.

Há pouco tempo vivenciamos a crise lá em 2017 e 2018. Veja o artigo[37] publicado pela UOL com o nome de "**ONDE A CRISE NÃO TEM (TANTA) VEZ: OS SETORES DA ECONOMIA QUE MAIS ESTÃO CONTRATANDO**":

"Outro ramo da economia que tem mantido o fôlego é a indústria farmacêutica, que se beneficia do fato de produzir bens de primeira necessidade e de difícil substituição. O setor abriu 15% mais vagas e fez 13% mais contratações de janeiro a abril deste ano do que no mesmo período de 2016, segundo a Page Personnel. 'O setor, de fato, foi afetado mais lentamente pelos impactos no cenário econômico. Temos crescido na casa de dois dígitos (por

37. https://economia.uol.com.br/noticias/bbc/2017/05/31/onde-a-crise-nao-tem-tanta-vez-os-setores-da-economia-que-mais-estao-contratando.htm.

ano) nos últimos anos, seguimos na liderança do mercado brasileiro e a nossa projeção é evoluir 20% em faturamento', afirmou João Dornellas, vice-presidente de pessoas e gestão da brasileira EMS.

A farmacêutica está contratando, em média, 80 novos funcionários por mês, com foco atual na área comercial - profissionais técnicos e de gestão também estão no alvo. O centro de pesquisa e desenvolvimento, por exemplo, teve 20% da sua força de trabalho de 400 pessoas contratada em 2016.

A EMS também abriu neste ano uma fábrica em Brasília e acabou de contratar 17 trainees. 'Buscamos e valorizamos profissionais empreendedores que queiram crescer conosco', diz o vice-presidente Dornellas.

Outros setores: Números mais recentes do Cadastro Geral de Empregados e Desempregados (Caged), do Ministério do Trabalho e Emprego, reforçam a situação mais confortável da indústria química e farmacêutica dentro da crise. O saldo de vagas criadas no setor entre janeiro e abril deste ano, já com ajuste sazonal, fechou positivo em 10.357 empregos. Outros setores com resultados positivos significativos foram indústria calçadista (19.336 contratações líquidas), têxtil e vestuário (16.333) e serviços médicos e odontológicos (15.277).

O setor de serviços como um todo, maior empregador da economia brasileira, encerrou o primeiro quadrimestre com saldo positivo de 55.703 vagas, após registrar em 2016 o pior ano da história no mercado de trabalho formal, com eliminação de 390 mil postos de trabalho. Sobre carreiras específicas, os destaques nesta fase de primeiros *sinais de recuperação da economia são as áreas financeiras (ramos como tesouraria, contabilidade e tributos) e comercial, afirma Ricardo Haag, da Page Personnel. A empresa de recrutamento identificou aumento de 18% nas vagas na área comercial no primeiro quadrimestre deste ano, na comparação com o mesmo período de 2016."*

Bom, sobre esse item já coloquei bastante coisa, mas tenho uma sugestão de leitura imprescindível. É um artigo científico não muito recente, relativamente curto, mas extremamente interessante, pois fala porque a América Latina, especialmente o Brasil, não deveria sofrer tanto com as crises globais.

Busque por: **"ARGENTINA, BRASIL E MÉXICO DIANTE DA CRISE INTERNACIONAL"**[38] ***de Pierre Salama.***

Vamos ao próximo ponto:

b) Medo de perder oportunidade de negócios (promoções), logo, uma eventual necessidade de usar rapidamente o dinheiro;

Esse foi o principal achado da pesquisa e muito aderente com o que falamos das características dos brasileiros, cuja observação evidencia um ím-

---

38. https://www.scielo.br/scielo.php?script=sci_arttext&pid=S0103-40142009000100003.

peto grande para consumir e saciar suas necessidades racionais e emocionais.

A oportunidade pode ser "travestida" de recompensa para si. Mais uma característica de cunho emocional para justificar uma compra. A CNN Brasil divulgou uma reportagem[39] que prevê que a busca por consumo de experiências pode ultrapassar a compra de bens materiais no pós-pandemia; a matéria foi intitulada **"PÓS-PANDEMIA DEVE TER 'COMPRA POR VINGANÇA' E BUSCA MAIOR POR VIAGENS E EVENTOS".**

"A pandemia do novo coronavírus mudou radicalmente a vida ao redor do mundo e, mesmo após a vacinação, analistas esperam mudanças nas tendências de consumo. Um relatório publicado pela consultoria McKinsey prevê que o retorno da confiança do consumidor poderá desencadear um fenômeno chamado de "compra por vingança", com o aumento de consumo de serviços, principalmente aqueles com elemento comunitário e de contato social, como restaurantes, festivais de música, eventos e viagens.

Para a economista Flávia Ávila, especialista em economia comportamental e fundadora da consultoria InBehavior Lab, haverá um aumento do consumo de experiências ante o consumo de bens materiais. Ela explica

---

39. https://www.cnnbrasil.com.br/business/2021/03/03/pos-pandemia-deve-ter-compra-por-vinganca-e-busca-maior-por-viagens-e--eventos.

que a lembrança de uma viagem ou festival, por exemplo, proporciona um pouco de felicidade ao consumidor toda vez que surge em sua mente. No caso de bens materiais, a satisfação não é tão duradoura.

'A pandemia da Covid-19 nos ensinou a importância de aproveitar o momento, e acumulou um desejo de consumo como busca pelo prazer', afirma. 'Acredito que, como resultado, teremos uma mudança de padrão de consumo e de padrão de vida, aumentando essa busca por experiências.'

Roberto Haro Nedelciu, presidente da Braztoa (Associação Brasileira das Operadoras de Turismo), diz que 'viagem de vingança é realmente um movimento observado'. Mas ele, pessoalmente, chamaria de 'viagem de desestresse'.

EVENTOS MAIS CAROS

Aqueles que trabalham oferecendo serviços também aguardam com otimismo o período pós-pandemia. Doreni Caramori, presidente da Abrape (Associação Brasileira dos Promotores de Eventos), afirma que uma pesquisa realizada pela associação confirma o desejo de consumo de eventos, festas e experiências coletivas.

Porém, a dificuldade do setor será em aumentar a quantidade de eventos oferecidos. O carnaval de 2022, por exemplo, ainda que possa ocorrer, terá a mesma quantidade de dias. 'Não vai ter dois carnavais em 2022. Então, por mais que a demanda aumente, o setor não consegue duplicar a oferta.'

Neste cenário, Caramori vê duas possíveis soluções: aumentar o gasto médio dos eventos e explorar mais as noites de sábado e sextas-feiras.

'Esperamos esse crescimento, mas o ticket médio também não pode aumentar muito, por conta da barreira de renda dos clientes. Então, por mais que haja mais procura, haverá também um limite para o valor gasto', diz.

VIAGENS COM GRANDES DESCONTOS

Roberto Haro Nedelciu, presidente da Braztoa (Associação Brasileira das Operadoras de Turismo), diz que, após o último ano em casa, as pessoas estão valorizando cada vez mais o contato e a descoberta de novos locais.

Para atrair ainda mais o consumidor, ele também aposta no crescimento de grandes descontos, como viagens 60% ou 70% mais baratas. 'Somado a isso, vemos companhias e hotéis possibilitando remarcação de data com até dois anos, sem custos. Isso nunca existiu antes', diz.

A partir do momento em que a população vacinada for consideravelmente grande, ele também prevê que os descontos começarão a diminuir".

É muito comum um "especialista" colocar um contraponto nas declarações, pois minimiza o impacto na sua credibilidade no caso de uma reviravolta da expectativa positiva. Ao mesmo tempo que espera um crescimento, sinaliza com a possibilidade da cautela no consumo.

Oras, sempre houve esse comportamento, mas o brasileiro é impulsivo e gosta de viajar, de consumir, de gastar. Vimos o caso surpreendente da área estética e temos mais de duzentos milhões de habitantes no Brasil. Nem todos podem gastar, mas outros estão se coçando para colocar a mão no bolso e "aliviar suas tensões".

Um primo empresário do ramo de embalagens (setor que é um termômetro da economia) comentou que estava assustado, pois viu muitos negócios de conhecidos fecharem as portas. Perguntei como estava o negócio dele e ele me respondeu: "cara, está muito melhor que o ano passado. Não estou dando conta dos pedidos. Está até faltando matéria-prima no mercado".

Respondi: "Oras, e por que o medo? Quem vende o almoço para comprar o jantar não resiste à mínima oscilação do mercado. Esses que fecharam já estavam condenados antes mesmo da pandemia".

O empreendedor com bom planejamento, com produtos de qualidade e reconhecimento dos clientes consegue superar uma fase difícil.

Há alguns segmentos que funcionam muito bem pela característica do seu negócio, isto é, podem "se dar ao luxo" de investir pouco em pesquisa e mesmo assim obterem bons resultados. É o caso da indústria farmacêutica nacional.

"Não existe de fato a cultura do brasileiro de fazer pesquisa. De maneira geral não somos grandes planejadores e para se pensar em pesquisa é necessário fazer planejamento, isto é, estudar o mercado e prever recursos para tal. A Ipsos não foca apenas nos grandes players; porém, isso ocorre naturalmente, pois são essas as empresas, predominantemente multinacionais, que têm cultura e budget para pesquisa. Muitas grandes indústrias farma do Brasil, comparativamente, realizam muito menos pesquisas do que as multinacionais medianas. Consideram caro pois não veem valor, preferem seguir pelo conhecimento empírico, diferentemente das empresas europeias e americanas, que priorizam dados".

***Fabrizio Rodrigues Maciel* (Sócio diretor da Inception Consultoria e Pesquisa)**

O *head* da Ipsos ratifica o que foi já foi colocado aqui, isto é, que a falta de cultura em pesquisa do brasileiro e a crença no empirismo para tocar seus negócios, mesmo entre os gigantes do mercado, não deixa de ser um diferencial competitivo importante.

É muito diferente você trabalhar com dados reais versus aquilo que você tem na cabeça e que, muitas vezes, tem vícios, incidência de forças externas subjetivas e parciais, uma vez que essas possuem maior poder de influenciar a sociedade e a você.

Isso pesa bastante na sua forma de lidar com o ambiente, uma vez que suas "cicatrizes psicológicas" vão trabalhar para lhe desencorajar, como ocorreu comigo e com os colaboradores desse livro quando os convidei para escrever sobre o país. No primeiro momento, sempre vem o mantra crítico que está incrustado no nosso íntimo.

c) A falta de conhecimento / educação financeira;

Essa é uma realidade e já falamos sobre a característica do povo brasileiro no que tange à sua vocação para se debruçar sobre um material e estudá-lo para conseguir melhores resultados, inclusive quando o assunto envolve dinheiro.

Esse desapego pelo dinheiro sugere que o brasileiro vê esse valor que entra na sua conta após um mês de trabalho como algo feito para gastar e repor suas energias para continuar trabalhando. Talvez por isso não vislumbre economizar.

Para se ter algum bem material, entende só ser possível mediante um parcelamento de longo prazo. Com esse comprometimento econômico, o cidadão se obriga a pagar, mas comemora suas conquistas com o pagamento da última folha do boleto de financiamento.

No entanto, toda carência gera uma demanda, e essa característica vem mudando também, pois empreendedores atentos a esse cenário investiram e abriram suas *fintechs* e corretoras de investimento de olho nesse mercado praticamente virgem. E se deram bem!

É verdade que a redução da taxa básica de juros brasileira ajudou bastante nesse movimento que os brasileiros estão promovendo em busca de investimentos mais atrativos que a poupança, mas não podemos desconsiderar um amadurecimento, lento, é verdade, mas natural da sociedade brasileira.

Evolução da taxa Selic desde 2017 em % ao ano.

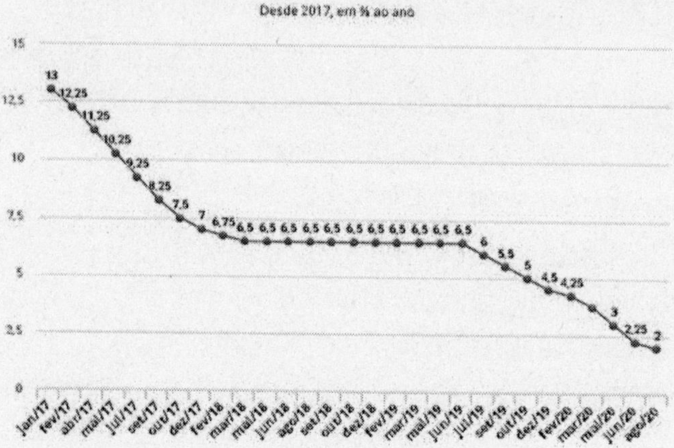

Fonte: Banco Central do Brasil

É verdade que, com a pandemia, esses números sofreram alterações. Cresceram, mas são medidas protetivas contra a inflação em um movimento global, isto é, há maturidade e foco em controle econômico no Brasil.

Mas, voltando ao ponto, a oferta de serviços financeiros cresceu tanto que já há uma disputa interessante por clientes nesse segmento.

A CNN Brasil publicou um artigo[40] chamando **"CORRETAGEM ZERO: PARA ONDE VAI O MERCADO DAS CORRETORAS DE INVESTIMENTO"**, que mostra a concorrência do mercado e as oportunidades para empresas do setor:

"'É uma briga boa', diz Fábio Gallo, professor de Finanças da FGV. "Estamos vendo este fenômeno ocorrer nos serviços financeiros como um todo. Basta olhar para as fintechs, para o mercado de maquininhas. Os investidores só precisam ficar atentos no que as corretoras estão levando em troca, que neste caso pode ser a venda de outros serviços."

O interesse por investimento diversificado é notório. No meu grupo de WhatsApp do futebol, por exemplo, apesar de não haver assunto sobre economia particular, vez ou outra há uma pergunta do tipo: ***"alguém conhece algum curso sobre bolsa de valores?"***

As oportunidades no setor de finanças são enormes. Consultores, professores, bancos digitais, enfim, é um mercado carente, pois hoje temos grandes e poucos bancos físicos que oferecem serviço e atendimento pífios, com taxas altíssimas, fazendo com que clientes fiquem a cada dia mais insatisfeitos. Eu mesmo já troquei minhas operações para os bancos digitais. Fáceis, sem custo e com uma tecnologia muito mais atual. Recomendo!

---

40. https://www.cnnbrasil.com.br/business/2020/09/17/corretagem-zero-para-onde-vai-o-mercado-das-corretoras-de-investimento.

Em entrevista[41] a uma rádio de São Paulo em 26/03/2020, Luiz Antônio França, engenheiro civil e presidente da ABRAINC (Associação Brasileira de Incorporadoras Imobiliárias), respondeu às perguntas dos repórteres que estavam preocupados com a possibilidade de retração do mercado de imóveis e as possíveis demissões devido à pandemia.

Serenamente, Luiz Antônio afirmou que não haveria demissões, pois o ano anterior fora promissor, com uma grande expansão dos negócios, o que gerou um PIB setorial maior que o PIB do Brasil. Afirma que, sim, houve queda de vendas, mas não significativas para impactar o setor, e ainda destaca:

"O Brasil tem uma condição muito particular. Ele tem um déficit habitacional de 7,8 milhões de moradias, portanto há uma demanda de moradia no Brasil. Além disso, nós temos um índice de formação de famílias na ordem de 1,2 milhão por ano, ou seja, estima-se que nos próximos dez anos há uma necessidade de aproximadamente 9,8 milhões de moradias... (...) Portanto, a gente vê um mercado muito forte e puxando de maneira bem vigorosa os números da economia brasileira para os próximos anos..."

---

41. https://www.youtube.com/watch?time_continue=10718&v=l_pnfgfvwvQ&feature=emb_logo, mais precisamente aos 3:02:00 do vídeo publicado no link.

É fácil de concordar quando Luiz Antônio menciona que o setor de construção mobiliza a economia do país, basta só pensar que os imóveis novos demandam móveis novos, eletrodomésticos, decoração, reformas de ajustes e decoração, enfim, tudo que compõe uma residência acaba pegando carona nos bons números do setor.

A Leroy Merlin não divulga dados sobre faturamento e respectiva lucratividade, mas, segundo reportagem do Valor Econômico em 2014, ***"A Leroy Merlin, maior rede de materiais de construção e produtos para casa no país, montou um plano para acelerar a expansão local que deve levar a empresa a abrir uma loja a cada dois meses no Brasil, em média, nos próximos cinco anos. Com base no projeto já aprovado pelos controladores, estão previstos investimentos de R$ 2 bilhões entre 2015 e 2019 (a rede diz que foram desembolsados R$ 1,3 bilhão nos últimos cinco anos) e atingir 100 lojas em 2025 (atualmente são 32 pontos)".***

Em entrevista mais recente, o diretor geral da companhia no Brasil, Alain Ryckeboer, afirmou que a empresa iria investir R$ 300 milhões no país em 2019 e em dezembro de 2020, no fervor da pandemia, a empresa investiu R$ 80 milhões em seu novo centro de distribuição no interior do Estado de São Paulo.

Não sei se a essa altura da leitura você se perguntou ou observou que as principais menções são relacionadas ao Sudeste brasileiro. São Paulo e Rio de Janeiro são os mais comuns, mas a razão é que o foco acaba sendo direcionado para os locais de onde se tem mais notícias e, teoricamente, mais volume de negócios. Só que o Brasil é enorme, com proporções continentais; as oportunidades se espalham por todos os lugares e muitos deles sequer estão nos principais meios de comunicação (sem ser os regionais).

Veja o que diz o Dr. Gilberto da Costa Freitas, *owner* na C R H:

"Acho esse assunto do teu livro muito bom. Minha visão é que realmente esse país é de muitas oportunidades. Principalmente a região Centro-Oeste. Para você ter uma ideia, todo médico novo que me pergunta sobre oportunidades eu falo: se tivesse sua idade iria para o 'Eldorado brasileiro', o Centro-Oeste.

Nenhum país desenvolvido te permite uma ascensão econômica como aqui. Morei na Inglaterra, um médico lá terá um bom emprego, ganhará um valor mais ou menos estabelecido, viverá bem, mas é só isso. Aqui, o médico em uma região como o Centro-Oeste não terá limites para ganhos financeiros. A região cresce a 9% ao ano. Para que você tenha uma ideia, um anestesista em uma cidade do interior chega a ganhar até R$ 100 mil de salário.

É isso que esses nossos jovens não enxergam. Tenho um sobrinho que foi para Portugal trabalhar e está se dando mal. Qual o futuro desse moleque lá? É aquilo que falei, um salário e mais nada. Por aqui, o cara pode começar com salário, mas terá a oportunidade de ascender muito mais facilmente. E por quê? Aqui falta tudo!

Estive em Palmas (Tocantins) para fazer uma palestra, fiquei impressionado. Essa é uma cidade maravilhosa para iniciar a vida. Falta tudo, uma pessoa que se qualifica e vai pra lá, vai ganhar quanto quiser.

Se eu fosse jovem, já estaria aventurando no Centro-Oeste brasileiro, ou no sul do Pará, que vai crescer a mais de 10% ao ano.

Claudinho, onde estão os melhores profissionais do Brasil? Aqui em São Paulo, mas o cara não quer sair daqui. O brasileiro é meio nostálgico, o americano muda sempre. Nessas regiões que te falei faltam profissionais qualificados em todas as áreas, de contador a engenheiros, advogados, médicos etc. Todos que vão, ganham muito dinheiro!"

Vou complementar o texto do Dr. Gilberto com a questão do preconceito que qualquer cidadão de nacionalidade diferente sofre, reforçando o que a vizinha do meu sogro relatou sobre o filho em Londres. Uma onda de nacionalismo vem se intensificando e deixando as coisas mais difíceis para os imigrantes. Quando faltam leitos de hospital, quando falta emprego, o primeiro a ser apontado como responsável é o tal "intruso". Considere essa informação na sua decisão se você deseja sair do Brasil e tentar a vida em outro país!

Mas no Brasil é diferente. Somos receptivos e adoramos estrangeiros. Adoramos ensinar os primeiros palavrões e dar muita risada com isso. Não medimos esforços para deixar "os gringos" confortáveis como se estivesse em casa. E eles se sentem acolhidos!

Se por um lado mencionei o "complexo de vira-latas" do brasileiro, menciono também o nosso fascínio por produtos estrangeiros. Não é à toa que muitas empresas brasileiras usam estratégias de marketing baseadas na associação da marca a origens de países europeus ou dos EUA.

Outra coisa importante que eu queria destacar com a contribuição do Dr. Gilberto é com relação ao fato de **AS OPORTUNIDADES NÃO SE RESTRINGIREM AOS GRANDES CENTROS DO PAÍS**. A imensidão territorial oferece possibilidades de todo tipo. Desde locais carentes que demandam muito de tudo, até as principais cidades com maior concentração de riqueza e que já possuem uma excelente estrutura, eis aí o "cardápio" de negócios. Basta escolher o tipo de vida, desafio e volume econômico que quer movimentar.

O país está em ascensão, em desenvolvimento cultural, social e estrutural, mas isso é pouco divulgado. O site oficial do Ministério da Infraestrutura do Brasil disponibilizou o fluxo de projetos de 2021 para gestores de fundo de investimento[42]. Esse material é composto por 542 páginas e lá você pode dar uma "pesquisada" para ter ideia o quanto

---

42. https://www.gov.br/infraestrutura/pt-br/centrais-de-conteudo/periodico-minfra-miolo.pdf.

está sendo feito no Brasil em termos de estrutura. E, por que não, antecipar uma eventual demanda para determinada área e investir lá?

Quando falo em dimensões territoriais do Brasil, me vêm sempre as belezas desse país, o quão maravilhosos e diversificados são os lugares disponíveis para se visitar. Viajei bastante e conheci muita coisa, mas quando vejo alguma reportagem, algum comentário de lugares que ainda não fui e foram capazes de provocar suspiros só ver, percebo que aquilo que conheço é uma proporção ínfima do que temos disponível.

Mas o que quero chamar a atenção é com relação ao quão pouco explorado são esses locais no quesito turismo. Comecei o livro falando do turismo e volto ao assunto aqui, pois sou encantado com o tema pela dupla oportunidade oferecida: a de explorar esses locais como turista e do poder econômico do setor. Faturar com isso!

O turismo movimenta bilhões, gera empregos (inclusive para autônomos – como os guias de turismo), leva alternativas econômicas para uma região que, em muitos casos, é dependente de uma ou outra atividade específica. Sem esquecer da hotelaria, da construção civil (para a construção e manutenção de hotéis e pousadas), do emprego formal que isso gera e, claro, da receita para o governo em forma de arrecadação desse movimento.

Comentei lá trás que o norte-americano faz dinheiro até com as ruínas do World Trade Center, e nós, aqui, repletos de lugares lindos para serem explorados sem impactar a natureza e ainda gerando renda para as famílias dessas regiões. Não usufruímos pela falta de divulgação, mas, principalmente, pela passividade de pessoas e governantes que não desenvolvem a atividade.

Usando-me como exemplo, vejo vários lugares bem bacanas para se visitar, mas, quando identifico a dificuldade de acomodação e deslocamento e estrutura de forma geral, declino da ideia. Não sou mais tão jovem ao ponto de renunciar a certas comodidades. Como eu, há muitas pessoas que pensam da mesma forma e, como resultado, ficamos nos "clichês turísticos".

Como disse, fui para Natal/RN, na verdade essa foi a terceira vez que visito o lugar em um intervalo de tempo aproximado de dezesseis anos e a única coisa que mudou foi o preço da alimentação. Lembro que comer camarão nessa cidade linda era muito atraente em questão de custo, mas os passeios são exatamente os mesmos de sempre. Houve alguma mudança de estrutura em alguns lugares mais populares, mas sem absolutamente novidade nenhuma. Até a simpatia dos bugueiros está se desfazendo. Uma pena!

Quem teve a oportunidade de ler o livro "O jeito Disney de encantar os clientes" vai entender um pouco melhor o que quero dizer melhor, mas, para quem não leu, a obra basicamente mostra como proporcionar experiências incríveis para os visitantes dos parques ao ponto de fazer com que eles tenham vontade de voltar. E realmente, quem já foi nos parques da empresa sabe que são encantadores e deixam um gostinho de quero mais.

Os projetos de turismo tinham que ter essa "pegada". Por que você, envolvido com o ramo de entretenimento, não experimenta investir nisso e explorar todo o potencial do país?

Mas se você ainda não acredita no potencial, os números são positivos e tem gente graúda chegando que vai ganhar muito dinheiro com nosso turismo.

Em dezembro de 2020, o ministro do Turismo, Gilson Machado Neto, fez um pronunciamento em evento no qual deu notícias importantes sobre o setor, mas não deixou de criticar a mídia pelo seu desinteresse ao tema:

> *"Se por acaso uma agência da ONU estivesse aqui no Brasil, tipo a OMS e estivesse mostrando os números do COVID, as notícias ruins do Brasil, eu não tenho dúvidas que os senhores [a imprensa presente no evento] estariam atrás, 'futucando' e procurando mais notícias ruins para publicar.*
>
> *Mas nós temos uma agência da ONU no Brasil aqui desde domingo e não sai uma linha na grande mídia! É impressionante, nós temos a Organização Mundial do Turismo aqui trazendo a excelente notícia de que o Brasil foi escolhido para receber um dos quatro escritórios da*

Organização Mundial do Turismo no mundo e isso não é noticiado.

Tem um operador de câmera ali que tá fazendo sinal que tá feliz da vida, mas é uma pena que o seu diretor de jornalismo não vai deixar colocar isso no ar.

E tem mais boas notícias. Todo mundo sabe do momento de pandemia, mas a gente estava trabalhando e o Brasil é um país que tem o maior potencial no período pós-pandemia.

De acordo com dados do Ministério do Turismo, já estamos com 80% do nosso fluxo de turistas internos recuperado. Poucos países do mundo podem dizer isso.

Recebi um telefonema na sexta-feira do presidente da Royal Caribbean dos Estados Unidos e afirmou vai voltar para o Brasil acreditando no nosso governo, acreditando na nossa palavra.

Eu queria falar um pouquinho para os senhores da mídia que estão aí. Por que vocês não divulgam que antigamente as estatais davam um prejuízo de bilhões e que hoje não dá mais? Hoje saiu do vermelho! Qualquer um de vocês têm que divulgar o que está acontecendo de bom no país...”[43]

Embora haja passividade do Brasil nos âmbitos de gestão e cobrança social para área, podemos notar que o mundo enxerga potencial e os investidores mais bem-informados estão chegando. Até a

---

43. https://www.youtube.com/watch?v=HgNKun3AC_Q.

Organização Mundial do Turismo vai sediar um de seus escritórios aqui. Por que será? Não tenha dúvidas de que estão vislumbrando excelentes oportunidades aqui.

Uma história rápida. Certa vez, conversando com o marido de uma pequena empresária do ramo de vestuário (um sanguessuga da esposa), ouvi que o homem estava indignado com um pedreiro que deixou sua obra para trabalhar de camelô. Ficou mais indignado ainda quando tomou conhecimento de que o tal pedreiro havia comprado um carro e reformado a casa depois da aventura como ambulante.

Aquele típico pensamento e olhar da pessoa inerte que critica tudo e todos, mas não se mexe para nada e só fica cuidando da vida alheia (esse, no caso, era totalmente dependente da esposa e não fazia absolutamente nada nem para ajudar no negócio da mulher, muito pelo contrário, só atrapalhava com sua presença masculina na loja de artigos femininos).

A indignação ficou maior ainda quando ele revelou o produto que o ex-pedreiro vendia: ***"Cláudio, eu não acredito que ele conseguiu tudo isso vendendo merda..."***

Foi isso que você leu, não é um termo pejorativo para algum produto de baixa qualidade, era merda mesmo. Na época, havia sido lançado um brinquedo em formado de "montinho de cocô" que fez sucesso para aqueles que queriam pregar alguma peça nos amigos.

Mas, olha, parece que o momento de ganhar dinheiro com merda voltou novamente.

"O novo marco regulatório do saneamento básico, introduzido por meio da Lei nº 14.026/2020, traz algumas relevantes inovações: prevê a obrigatoriedade de os contratos preverem metas de desempenho e de universalização dos serviços; adota como princípio a regionalização dos serviços de saneamento; promove mudanças substanciais na sua regulação; e estimula a concorrência e a privatização das empresas estatais de saneamento, entre outras.

A nova Lei busca atrair investimentos privados e permitir o aumento gradual da desestatização do setor. Impõe aos titulares dos serviços a necessidade de celebração de contrato de concessão, mediante licitação, para a prestação dos serviços públicos de saneamento básico por entidade que não integre a administração do titular (novo art. 10 da Lei nº 11.445/2007). É uma mudança de paradigma: a lei prevê agora a obrigatoriedade de concorrência para a seleção da proposta mais vantajosa para a prestação dos serviços de saneamento básico, obrigando as empresas estatais do setor a competir em igualdade de condições com as empresas privadas por esses contratos."[44]

---

44. https://epbr.com.br/reflexoes-sobre-o-novo-marco-regulatorio-do-saneamento-basico-por-rafael-daudt-doliveira/.

Resumindo, agora é possível que empresas privadas possam atuar na área de saneamento básico, o que antes era obrigação do Estado.

Antes da aprovação, já tinha amigo endinheirado falando "***Cláudio, vou ganhar dinheiro com merda. Você não faz ideia o tamanho desse mercado. Mais de 40% da população não tem acesso a esgoto...***"

Na visão desse amigo, o ideal é não vislumbrar os grandes centros, as grandes cidades, pois prevê concorrência acirrada de consórcios robustos interessados nas principais praças. Ele vislumbrava cidades do interior do Brasil. Pequenas cidades que não interessam aos grandes investidores.

A linha de raciocínio faz sentido, pois água e esgoto são fundamentais para uma sociedade independentemente do tamanho da cidade, além de ser uma exigência global nos dias de hoje. E não cumprir as metas de saneamento chega a ser um risco até para a imagem do partido e respectivo político que está com o mandato em curso.

Quem teve a oportunidade de ir a Paris ou Londres viu o rio Sena e rio Tâmisa, respectivamente, com suas belezas e, principalmente, sua exploração econômica por todas suas margens. Pois bem, só o Rio Pinheiros em São Paulo tem vinte e cinco quilômetros de extensão e se considerarmos as duas margens, é o dobro de área que poderia ser explorada após o processo de despoluição.

Esse é o sonho de consumo dos governantes da maior cidade do país. Ter seu nome cravado na história por ser o responsável pela "conquista". Não sei se recusariam uma proposta da iniciativa privada para trabalhar no projeto e ter uma compensação de seus vinte ou trinta anos de concessão exploratória da área. Os trabalhos estão em andamento com orçamento público, ou seja, o caminho está aberto para quem queria ganhar dinheiro como o ex-pedreiro.

Mas, se você não quer mexer com isso, que tal uma vida no campo? Veja essa notícia[45] de 11 de março de 2021 (no ápice da segunda onda do COVID-19): ***"Agronegócio cresce 24,3% em 2020 e responde por mais de um quarto do PIB do Brasil, diz CNA"***

"O Produto Interno Bruto (PIB) do agronegócio teve uma expansão recorde de 24,31% em 2020, informou a Confederação da Agricultura e Pecuária do Brasil (CNA) e o Centro de Estudos Avançados em Economia Aplicada (Cepea) nesta quinta-feira (11), em nota.

Com esse resultado, o setor ampliou para 26,6% sua participação no PIB total do país no ano passado, contra 20,5% em 2019.

O PIB calculado pela CNA e o Cepea leva em conta o movimento de toda a cadeia do setor: produção dentro da porteira, insumos, agroindústria e serviços.

45. https://g1.globo.com/economia/agronegocios/noticia/2021/03/11/agronegocio-cresce-243percent-em-2020-e-responde-por-mais-de-um-quarto-do-pib-do-brasil-diz-cna-1.ghtml.

Já o calculado pelo IBGE considera somente a produção dentro das fazendas. Este foi divulgado na semana passada e mostrou expansão de 2% da agropecuária".

O potencial do campo brasileiro é conhecido pelo mundo todo. Segunda a Confederação da Agricultura e Pecuária do Brasil (CNA)[46], o Brasil é responsável por fornecer boa parte de alimento demandado pelo mundo.

"A produção vegetal do Brasil já alimenta mais de 1 bilhão de pessoas em todo o mundo, usando para isso apenas 8% do território nacional.

E a tudo isso se adiciona a produção animal. Em 2015 o País abateu 30,6 milhões de bovinos, 39,3 milhões de suínos e quase 6 bilhões de frangos. É muita carne. Coisa de 25 milhões de toneladas! O consumo médio de carne pelos brasileiros é da ordem de 120 kg/habitante/ano ou 2,5 kg por pessoa por semana.

A estimativa de consumo médio de carne bovina é da ordem de 42 kg/habitante/ano; a de frango, de 45 kg; e a de suínos, de 17 kg; além do consumo de ovinos e caprinos (muito expressivo no Nordeste e no Sul), de coelhos, de outras aves (perus, angolas, codornas...), peixes, camarões e crustáceos (cada vez mais produzidos em fazendas) e outros animais".

---

46. https://www.cnabrasil.org.br/artigos/alimentar-o-mundo#:~:text=A%20produ%C3%A7%C3%A3o%20vegetal%20do%20Brasil,%C3%89%20muita%20carne.

E como falei a respeito da área de construção civil, não é diferente no agronegócio, isto é, a cadeia de serviços necessários envolvida para movimentar toda essa produção é gigantesca. Logística, serviços aduaneiros, revendedores etc.

Mas se você ainda está inseguro ou é uma pessoa mais voltada para a era digital, o Brasil oferece também uma excelente oportunidade para quem quer explorar o *e-commerce*.

As vendas pela internet vêm ganhando adeptos de todas as idades e classes sociais. A demanda por produtos é também muito variada, ou seja, da criança ao idoso, todos já têm uma participação significativa nas compras virtuais.

De olho nesse movimento, o Mercado Livre anunciou um investimento de R$ 10 bilhões no Brasil em 2021. O aporte foi noticiado em 01/03/21 pelo site da revista "Isto é Dinheiro"[47], ou seja, no momento em que o mundo entrava em colapso pelo COVID-19 e as empresas enxergavam as oportunidades e investindo no país.

Um mês após essa reportagem ser publicada, a mesma revista[48] divulgou que o Mercado Livre, em meio a recordes de mortes por COVID e *lockdown* nas principais cidades brasileira, irá contratar 7.200 funcionários, principalmente para as áreas de logística e *fintech*.

---

47. https://www.istoedinheiro.com.br/mercado-livre-vai-investir-r--10-bi-no-brasil-em-2021/.

48. https://www.istoedinheiro.com.br/mercado-livre-anuncia-7-200- vagas-de-emprego-no-brasil/.

Ninguém investe tanto, tampouco contrata esse número de colaboradores em um país, em um negócio, se não enxerga um grande potencial nas oportunidades oferecidas. Concordam?

Os volumes do comércio eletrônico foram animadores no ano do início da pandemia no Brasil (2020), segundo o site da "E-Commerce Brasil" em matéria[49] publicada em 2 de fevereiro de 2021:

"E-COMMERCE BRASILEIRO CRESCE 73,88% EM 2020, REVELA ÍNDICE MCC-ENET

O e-commerce segue em expansão no Brasil. No mês de dezembro de 2020, registraram alta de 53,83%, em relação ao mesmo período de 2019. O faturamento, considerando a mesma base comparativa, teve crescimento de 55,74%. Mesmo com uma boa evolução, as vendas registraram queda ao comparar dezembro de 2020 com o mês de novembro: (-27,16%). No acumulado do ano, por sua vez, fechou com índice positivo: 73,88%.

Os dados são do índice MCC-ENET, desenvolvido pelo Comitê de Métricas da Câmara Brasileira da Economia Digital (camara-e.net) em parceria com o Neotrust | Movimento Compre & Confie.

'Mesmo com a flexibilização e abertura das lojas do varejo físico para um cenário mais semelhante ao observado antes da pandemia, os dados de dezembro comprovam que as compras online tornaram-se um hábito dos consumidores brasileiros. O forte crescimento das vendas

---

49. https://www.ecommercebrasil.com.br/noticias/e-commerce-brasileiro-cresce-dezembro/.

de Natal ajudou para que o resultado consolidado do ano realmente fosse um sucesso para o setor', afirma André Dias, coordenador do Comitê de Métricas da camara-e.net e Fundador do Neotrust | Compre & Confie.

Seguindo na métrica de vendas, ao observar os dados por região, na comparação entre dezembro de 2020 com o mesmo período de 2019, a composição ficou da seguinte forma: Nordeste (77,63%), Sul (66,22%), Sudeste (48,32%), Centro-Oeste (46,99%) e Norte (39,25%)."

O mesmo site[50], em outro artigo, traz também os números positivos com relação ao faturamento desse setor:

"FATURAMENTO DO E-COMMERCE BRASILEIRO BATE A MARCA DE R$ 41,92 BILHÕES

O ano de 2020 já pode ser considerado o grande ano do e-commerce brasileiro. Impulsionado pela pandemia, o setor conseguiu agradar novos compradores e as taxas de crescimento não param de subir. De acordo com pesquisa divulgada pela Associação Brasileira de Comércio Eletrônico (ABComm) em parceria com o Movimento Compre&Confie, o faturamento do comércio eletrônico brasileiro alcançou a marca de R$ 41,92 bilhões em agosto. O número se refere ao faturamento somado desde janeiro deste ano.

50. https://www.ecommercebrasil.com.br/noticias/faturamento-do-e-commerce-brasileiro-2020/.

De acordo com o Movimento Compre&Confie, o crescimento do e-commerce brasileiro no período foi de 56,8% se comparado com os oito primeiros meses de 2019. Embora o tíquete médio tenha reduzido de R$ 420,78 para R$ 398,03, o número de transações efetuadas cresceu 65,7%, indo de 63,4 bilhões para 105,6 bilhões nos seis primeiros meses de 2020. Com esse crescimento, a projeção para o ano de 2020 saltou de 18% para 30% no acumulado anual."

A essa altura você pode estar ponderando: "Ah, Cláudio, é ano de pandemia e se o comércio físico está fechado, a opção é pelo modelo virtual. Claro que vai crescer! O faturamento vai migrar de um para ou outro..."

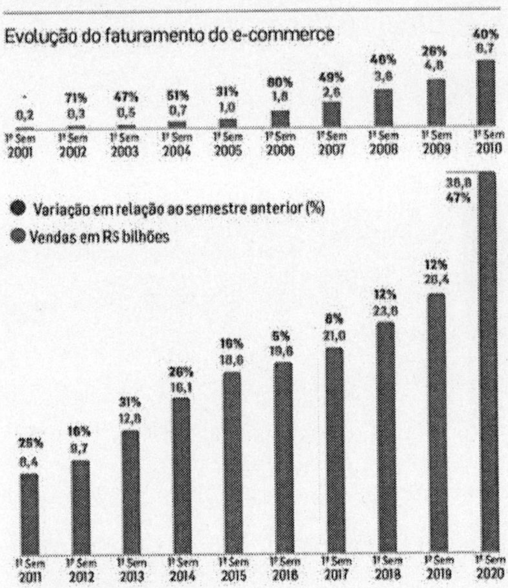

Fonte: Ebit | Nielsen Webshoppers 42

Você não deixa de ter razão quanto observa alguma migração de faturamento e um belo empurrão no *e-commerce* em virtude da pandemia, mas, se observarmos a curva de crescimento do setor[51], verá que isso já é uma realidade há tempos.

Nos últimos dois anos antes da pandemia, o setor registrava taxa de crescimento de 12% ao ano. No ano da pandemia isso foi potencializado e o crescimento foi de 47%, o que não tira o brilho do estupendo índice apresentado ano após ano no país.

O Brasil já figura entre os dez maiores mercados de *e-commerce* do mundo, segundo o site da consultoria especializada no assunto, a "Dr. e-commerce"[52], que republicou o informado pelo site europeu "e-Commerce Insights":

> *"**1. China** – $562.66 bilhões*
>
> *Tablet: 33% – Mobile: 33% – Desktop: 67%*
>
> *A média de idade das pessoas que frequentam os e-commerces é de 25 anos.*
>
> *Os marketplaces estão crescendo em uma velocidade maior que os demais concorrentes.*

---

51. https://www.meioemensagem.com.br/home/marketing/2020/08/27/e-commerce-cresce-47-maior-alta-em-20-anos.html.

52. https://www.doutorecommerce.com.br/sem-categoria/conheca-os-maiores-mercados-de-e-commerce-mundo-veja-infografico/.

2. EUA – *$349.06 bilhões*

Tablet: 13% – Mobile: 33% – Desktop: 72%

As compras são realizas predominantemente pelos desktops.

3. Reino Unido – *$93.89 bilhões*

Tablet: 12,1% – Mobile: 16,5% – Desktop: 71,4%

33% das compras são realizadas antes das 18h.

O mercado eletrônico é responsável por 30% de todas as vendas realizadas.

4. Japão – *$79.33 bilhões*

Tablet: 6% – Mobile: 46% – Desktop: 48%

A maioria das pessoas utiliza a internet para a leitura de e-mails.

97% dos usurários de internet se conectam em shoppings onlines.

5. Alemanha – *$74.46 bilhões*

Tablet: 11.5% – Mobile: 16.2% – Desktop: 72,3%

Amazon e Otto são responsáveis pela metade das vendas online.

A maioria das compras é realizada no período da manhã.

6. França – *$42.62 bilhões*

Tablet: 8,1% – Mobile: 11,1% – Desktop: 80,8%

68% dos franceses têm acesso a internet.

19% da população realiza suas compras em e-commerces estrangeiros.

7. Coreia do Sul – *$36.76 bilhões*

Tablet: 1% – Mobile: 50% – Desktop: 49%

A maioria das compras é realizada das 22h às 24h.

É a internet mais rápida do mundo.

8. Canadá – *$28.77 bilhões*

Tablet: 7.5% – Mobile: 8,7% – Desktop: 83,8%

45% compra em sites não canadenses

Quase 70% das pessoas que possuem um smartphone realizam suas compras via mobile.

9. Rússia – *$20.30 bilhões*

Tablet: 12% – Mobile: 8% – Desktop: 80%

13% dos russos realizam suas compras de forma online.

A forma de pagamento mais comum é o COD, ou seja, o pagamento é realizado na hora da entrega do produto.

10. Brasil – *$18.80 bilhões*

Tablet: 4% – Mobile: 8% – Desktop: 88%

18% das lojas online são focadas no segmento da moda.

Apenas 7% das compras online são feitas por smartphone.

Por esses dados, é possível perceber o quanto de potencial o Brasil tem para expandir nesse território virtual. É só ver o tamanho da nossa população, os segmentos a serem explorados e trabalhar.

Aí você, muito astuto, vira e me fala: "Ah, Cláudio, mas o cenário econômico no Brasil é desanimador. Vi nas notícias que o desemprego bateu recorde. São mais de treze milhões de desempregados".

Eu adoro essa pergunta porque respondo direto com outras duas perguntas: "Mas por acaso, você, que vai empreender, vai querer vender para um desempregado? E por que você está preocupado com os desempregados?"

Não é desdenhar da condição que é, sim, preocupante considerando o ponto de vista social, mas que não deixa de ser uma visão pessimista que colabora ainda mais com o medo de empreender, gerar novos empregos e ajudar a diminuir esses dados negativos.

Segundo estimativa do IBGE, o Brasil tem por volta de 212 milhões de habitantes. Ora, se treze milhões estão desempregados, restam outras 199 milhões de pessoas que podem ser suas clientes. Eu prefiro ver dessa forma mais otimista. Até porque são essas as pessoas que podem movimentar a economia e fazer com que os 13% de desempregados consigam sair dessa condição.

E, convenhamos, 199 milhões de pessoas é muita gente. É um grande potencial econômico que tem que ser levado em consideração. Falta estímulo e confiança.

Para se ter uma ideia, se somarmos as populações de Alemanha, França e Itália juntas chegamos ao número de população no Brasil.

- ***Alemanha:*** *82.979.100 habitantes (Estimativa de 2018)*
- ***França:*** *66.992.000 habitantes (Estimativa de 2018)*
- ***Itália:*** *60.390.560 habitantes (Estimativa de 2018)*

Ou talvez você prefira um grupo maior de países. Quem sabe juntar 18 países para se comparar a "um" Brasil?

- ***Suíça:*** *8.526.932 habitantes*
- ***Áustria:*** *8.859.992 habitantes*

- **Israel:** *8.990.630 habitantes*
- **Emirados Árabes Unidos:** *9.682.088 habitantes*
- **Hungria:** *9.771.000 habitantes*
- **Suécia:** *10.223.505 habitantes*
- **Portugal:** *10.291.027 habitantes*
- **Jordânia:** *10.351.100 habitantes*
- **República Dominicana:** *10.358.320 habitantes*
- **República Checa:** *10.637.794 habitantes*
- **Grécia:** *10.741.165 habitantes*
- **Cuba:** *11.221.060 habitantes*
- **Tunísia:** *11.434.906 habitantes*
- **Bélgica:** *11.454.906 habitantes*
- **Bolívia:** *11.460.896 habitantes*
- **Senegal:** *16.209.125 habitantes*
- **Equador:** *17.178.200 habitantes*
- **Holanda:** *17.298.600 habitantes*

Mas se você leu até aqui e mesmo assim não se convenceu, porque acha que a visão do autor é mais otimista que a realidade, veja um artigo[53] publicado pela Bloxs Investimentos, uma plataforma

---

53. ttps://conteudos.bloxs.com.br/por-que-investir-no-brasil/#:~:-text =Motivos%20para%20investir%20no%20Brasil&text=Possui%20um%20dos%20maiores%20mercados,Diretos%20no%20mundo%20(UNCTAD)%3B.

de investimento coletivo regulada pela CVM (Comissão de Valores Mobiliários):

"MOTIVOS PARA INVESTIR NO BRASIL

São inúmeras as razões para acreditar que o seu capital estará muito bem aplicado na economia brasileira nos próximos anos:

• *O Brasil é um dos maiores produtores e exportadores de produtos agrícolas do mundo;*

• *É a principal economia da América Latina e porta de entrada para a região;*

• *Possui um dos maiores mercados domésticos do planeta, com cerca de 209 milhões de pessoas (IBGE);*

• *Seu sistema financeiro é um dos mais seguros e robustos dos mercados emergentes;*

• *É o sexto maior destinatário de Investimentos Estrangeiros Diretos no mundo (UNCTAD);*

• *Seu mercado imobiliário é um dos mais aquecidos e dinâmicos entre as economias em desenvolvimento;*

• *Possui uma matriz energética baseada em fontes renováveis e em franca expansão;*

• *Sua estabilidade monetária é garantida por reservas internacionais que somam mais de 350 bilhões de dólares;*

• *O país vem implementando importantes reformas no setor público para controlar as contas do governo, com destaque para a reforma da previdência e a trabalhista.*

O Brasil está promovendo a modernização da sua infraestrutura com base em concessões, financiamento público e parcerias público-privadas. Grandes bancos e fundos de investimento participam fortemente desse processo.

A expansão e o aprimoramento dos serviços de infraestrutura aumentarão a competitividade da nossa economia, além de reduzir custos de logística para a indústria, expandir as exportações, promover a eficiência do fluxo de produção e do escoamento dos nossos produtos agropecuários.

SETORES MAIS PROMISSORES DA ECONOMIA BRASILEIRA

A queda nas taxas de juros, o controle inflacionário e a desvalorização cambial aumentaram a atratividade de diversos setores da economia brasileira e impulsionaram as exportações dos seus principais produtos.

O Brasil é o maior exportador mundial de carne bovina, suco de laranja, açúcar, café e minério de ferro, competindo com os EUA para assumir a liderança na exportação de soja.

O mercado de turismo brasileiro é um dos maiores da região e tende a se beneficiar desse cenário. O país oferece uma variedade enorme de atrações turísticas e festas populares durante praticamente todas as épocas do ano.

A alta recente do dólar e do euro deve elevar a procura de destinos turísticos domésticos e impulsionar o comércio nacional, além de aumentar a competitividade da indústria brasileira.

Outro segmento para investir no Brasil, e na nossa economia nacional que deve se beneficiar dos juros baixos é o setor imobiliário. A queda no valor dos financiamentos sem dúvida aumentará a acessibilidade dos consumidores a imóveis de qualidade, impulsionando a demanda e a oferta de empreendimentos.

O país também está avançando em medidas regulatórias nos setores de telecomunicações, óleo e gás, bem como na geração e transmissão de energia, buscando melhorar seu ambiente de negócios, ampliar a oferta de produtos e serviços e melhorar a perspectiva de longo prazo para a economia.

A matriz energética brasileira é composta basicamente por fontes renováveis de energia, sendo as mais usadas as hidrelétricas, eólicas, biomassa, solar e biogás.

Entre as fontes não renováveis, o destaque sem dúvida fica para o gás natural. Ele deve se beneficiar do avanço da sua produção no pré-sal, o que reduzirá seu custo, ao mesmo tempo em que ampliará sua oferta e seu consumo.

OPORTUNIDADES AO ALCANCE DO INVESTIDOR COMUM

O Brasil tem aprimorado seu sistema normativo para permitir uma alocação mais eficiente de recursos em atividades produtivas dos mais diversos setores.

Isso tem permitido que novos empreendimentos tenham acesso ao mercado de capitais brasileiro com menos custos e burocracia. Além disso, é aberto um vasto leque de opções para o investidor comum obter rentabilidade.

Oportunidades antes acessíveis somente a investidores qualificados ou profissionais agora estão disponíveis a pessoas físicas a partir de valores reduzidos.

Essa é, de fato, uma forma de democratizar o acesso do investidor comum a alternativas de investimento de alta qualidade.

A instrução 588 da Comissão de Valores Mobiliários (CVM) permite que empresas realizem ofertas por meio do financiamento coletivo na internet. Facilitando, assim, a captação de recursos.

Assim, o investidor comum pode financiar ou se tornar sócio de empreendimentos imobiliários, por exemplo, que é um dos setores mais promissores da economia brasileira nos próximos anos.

Para citarmos um exemplo prático, a Bloxs lançou recentemente, em parceria com a Yuca, uma oportunidade de renda com imóveis em dois bairros nobres de São Paulo.

O projeto visava captar investidores que se tornariam sócios de uma empresa responsável por adquirir, reformar, mobiliar e alugar dois apartamentos na modalidade coliving, ou moradia coletiva, na região do Itaim e Pinheiros.

Com rentabilidade-alvo de 20% a 25% ao ano, a captação foi um sucesso, mostrando quão dinâmico e promissor é o mercado imobiliário do país.

Dentre as opções para investir no Brasil, acreditamos que essa e outras oportunidades na economia real tendem a se beneficiar do cenário de reformas institucionais e dos esforços de aprimoramento normativo que o Brasil tem feito para dinamizar e melhorar seu ambiente de negócios".

A pandemia do COVID-19 impactou o mundo todo, mas o Brasil ainda apresenta um menor impacto quando comparado com outros países da América Latina e Europa. É o que mostra o ranking da Austin Rating entre 38 países publicado pelo site do G1[54]:

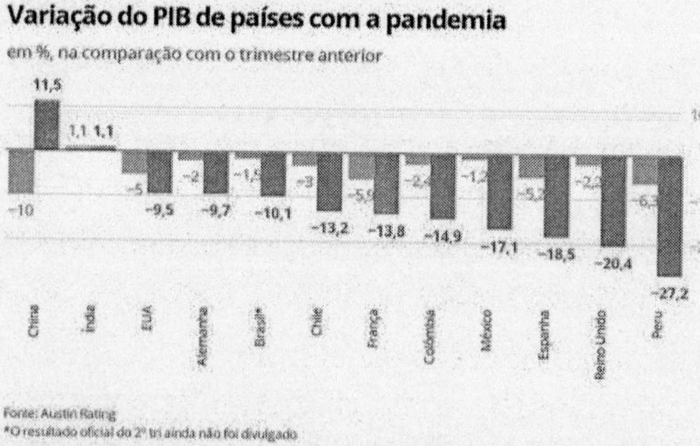

54.https://g1.globo.com/economia/noticia/2020/08/26/tombo-do-pib-brasileiro-na-pandemia-e-menor-que-o-de-outros-paises-da-america-latina-e-da-europa-aponta-levantamento.ghtml

Ronaldo Loyola, Sócio de Capital Humano da Grant Thornton, uma das maiores empresas globais de auditoria, tributos, consultoria, transações e BPS (*Business Process Solutions*), ofereceu sua visão para esta obra de forma sucinta e inteligente, pois evidencia, além das oportunidades, o ambiente "naturalmente favorável" não só para se trabalhar, mas para se viver no Brasil:

"Que o Brasil é um país privilegiado por não sofrer desastres naturais de grande magnitude, isto já sabemos.

Que também somos detentores de uma infinidade de riquezas naturais com inúmeras reservas espalhadas pelo nosso território, isto é fato. Que temos problemas com nossos governantes, também é uma realidade.

Costumo dizer que crises econômicas, políticas e sanitárias ocorrem no planeta há séculos, principalmente porque todo este ecossistema é orquestrado pelo ser humano. Oras, se somos seres imperfeitos e em evolução na Terra, as crises sempre existirão em todo o planeta.

E quem falou que não podemos tirar proveito deste contexto de crises recorrentes? Este cenário é um excelente manancial para o nosso crescimento pessoal, espiritual, mental, profissional, financeiro, etc.

O que falta muitas vezes para nós brasileiros é a capacidade de enxergar além do óbvio, ou seja, perceber que habitamos um país abençoado por Deus e com oportunidades diferenciadas em relação aos demais países.

Quantos estrangeiros não gostariam de uma oportunidade para morar dentro de 8.516.000 km², praias maravilhosas, solo fértil, água potável em abundância, povo diverso, amistoso e com tantos outros adjetivos?

Quando ouço pessoas falarem que sonham em deixar o Brasil a fim de buscar melhores oportunidades profissionais, arrisco dizer que uma cegueira tomou conta destes seres.

Enfim, cabe àqueles com um maior nível de consciência levar para os jovens uma mensagem de que o Brasil é uma excelente terra de oportunidades. Basta abrir os olhos!"

Ronaldo Loyola, Sócio de Capital Humano da Grant Thornton

A empresária ***Daniela Gebenlian*** é uma multiprofissional de sucesso aos 38 anos e, entre suas atividades, consegue um tempinho para promover eventos de empoderamento feminino, ou seja, estimula as mulheres a acreditarem que é possível realizar seus sonhos, pois há várias oportunidades disponíveis. Basta acreditar.

A própria empresária usa sua história de vida, na verdade a história dela e da sua mãe, para mostrar que a vitória feminina também é possível um país como o Brasil:

"Como filha de 'comerciantes', nome dos anos 1980 para empresários, sempre vi o nosso país como um lugar

cheio de oportunidades para investir, seja em negócios com modelos já estabelecidos ou inovando. Meu pai sempre foi um grande visionário, ele sempre encontrou oportunidades não óbvias e isso sempre me ajudou a construir essa mesma visão. Minha mãe, mais conservadora, sempre teve negócios mais comuns.

De uma forma ou de outra, eles nunca pensaram em deixar de ter seu próprio negócio – mesmo quebrando ou fechando por outras razões. Quando as teles foram privatizadas, minha mãe tinha uma empresa de corretagem de linhas telefônicas. O negócio dela acabou. O que ela fez? Foi lá e procurou uma outra oportunidade, e nessa empreitada eu me juntei a ela, e abrimos uma lavanderia (dessas de franquias).

Como empresária na área de treinamentos e consultoria desde 2014, eu vejo que este é um país de dimensões continentais, onde muitas regiões têm carências de produtos e serviços que já são bem estabelecidos no eixo Rio-São Paulo. Existem, em todo o país também, muitas 'dores não atendidas', que poderiam ser exploradas por novos negócios.

Eu vejo que essa crença de que o Brasil é um país difícil para empreender reside em algumas coisas estruturais, e que não têm a ver com falta de oportunidades, mas sim, com a educação e a cultura.

Nos falta educação financeira desde a base, então muitas pessoas empreendem sem fazer nenhum planejamento, cálculo, previsão de quanto investimento vai precisar, previsão de quanto capital de giro vai precisar, pre-

visão de quanto tempo vai precisar se sustentar sem tirar dinheiro do novo negócio. Com esses erros, de partida, o negócio tende a fracassar, não por falta de oportunidades, mas por falha na gestão financeira do negócio.

Além disso, a nossa cultura é muito conservadora, as pessoas têm aversão ao risco. É só ver o tamanho do mercado de cursos preparatórios para concurso público. O brasileiro prefere algo garantido, sem risco. As pessoas têm medo de trocar de emprego, quanto mais de empreender. E empreender sempre terá riscos. Então, não é falta de oportunidade, é medo de arriscar.

Eu tenho um amigo que trabalha com importação e distribuição de vinhos e, antes da pandemia, ele vendia para supermercados e, principalmente, para restaurantes. Ele passou alguns dias pensando, quando tudo fechou em março de 2020, o que ele faria. Ele criou um "restaurante" num aplicativo desses de delivery, para vender vinhos para pessoas físicas, com entrega em até 2 horas. Hoje ele fatura muito mais do que com o negócio anterior.

Eu gosto muito de uma frase feita, e termino com uma aqui: 'na crise, ou você chora ou você vende lenços'. E no Brasil tem muito espaço para vender lenços".

Daniela Gebenlian, Empresária

Oportunidades não duram para sempre. Embora o Brasil apresente um cenário vasto e com relativa longevidade de opções para se investir, como toda mina de ouro, chega um momento em que isso se esgota. Espero que nesse momento você esteja vendendo os lenços e não os comprando para chorar as oportunidades perdidas.

Em mais uma demonstração de que o Brasil é um excelente local de oportunidade para se investir, em 7 de abril de 2021, em meio aos recordes de mortes por COVID, o governo federal promoveu leilão que consistia na concessão de 22 aeroportos brasileiros para a iniciativa privada por até 30 anos. O resultado foi surpreendente e resultou em um comentário espontâneo do comentarista da CNN:

> *"chama a atenção a participação de estrangeiros nesse leilão... (...) isso mostra que mesmo com toda essa crise política, mesmo com toda essa crise econômica, mesmo com a crise sanitária, o Brasil ainda é um bom lugar para investimentos. As empresas estrangeiras ainda veem o Brasil como um lugar bom para se investir e, às vezes, estão dispostas a investir muito, como vimos, algumas dispostas a pagar até 9000% de ágio do valor inicial por uma concessão."*[55]

Se investidores estão pagando 9000% (nove mil porcento), de ágio para poder operar na aviação brasileira, em uma região específica (não é em todo o país), é porque o negócio é promissor.

---

55. https://www.cnnbrasil.com.br/business/2021/04/07/leilao-aeroportos.

Como o próprio comentarista da CNN mencionou, há outros que também salientam que o cenário político é uma confusão no Brasil e isso também atrapalha os negócios, mas eu lhe pergunto: é só no Brasil? Vimos como foram as eleições nos EUA, nação que é considerada a maior democracia do mundo, e o quanto de confusão e dúvidas foram lançadas ao ar por lá?!

Quando a disputa é pelo poder, não há limites. Tolo é aquele que defende um candidato como se fosse um ídolo da pátria. Definitivamente, isso não existe.

Em março de 2021, o ministro do Supremo Tribunal Federal brasileiro, Edson Fachin, em decisão monocrática, anulou a condenação do ex-presidente Luís Inácio Lula da Silva alegando, como principal causa, que 13ª Vara Federal de Curitiba não tinha competência para julgar casos. Um detalhe importante a ser destacado é que esse ministro foi nomeado pelo governo do partido do ex-presidente Lula.

Essa decisão causou uma confusão enorme, inclusive gerando dúvidas sobre os bilhões de reais devolvidos por outros envolvidos que confessaram a participação nos esquemas; mas do que o investidor tem medo mesmo é da insegurança do mercado econômico, que também foi sacudido com os índices da bolsa de valores despencando e a moeda brasileira desvalorizando-se frente ao dólar.

Mas eu te pergunto: e daí? Em que isso te impede de empreender no Brasil?

As bolsas de valores e a volatilidade do câmbio são mais especulativas do que um reflexo da realidade. São movimentadas por grandes investidores que organizam seus investimentos garimpando, entre mercados globais, alguns índices percentuais a mais para encorpar suas fortunas.

Se esses "investidores de manada" fossem bons mesmo, muitos não teriam entrado na enrascada que culminou com a crise financeira de 2008 devido a uma bolha imobiliária dos EUA. O próprio Lula, quando eleito em 2002, causou preocupação nos mercados interno e externo, mas seus primeiros anos de comando registraram um grande crescimento econômico e até recorde mínimo na taxa de desemprego. Infelizmente, o governante sucumbiu às tentações e o desfecho todos sabem.

O Brasil foi literalmente assaltado de forma jamais vista na história. Bilhões foram desviados dos cofres públicos e as estatais tiveram seus caixas levados ao negativo com propósitos escusos. Não estou lembrando disso para ressaltar a corrupção do governo Lula especificamente, pois a esmagadora maioria dos políticos busca a vida pública por egoísmo. Estou lembrando disso para evidenciar que mesmo um governo dos mais corruptos da história não foi suficiente para quebrar o Brasil. Só isso já demonstra o quão poderoso é esse país.

Se o Lula se eleger novamente, o Brasil vai crescer do mesmo jeito e, acredite, pode ser até um dos melhores governos que já passaram por aqui até hoje, pois o nível de cobrança e vigilância da população e da imprensa tende a ser muito maior.

A minha única ressalva com uma eventual nova eleição do Lula e com as "atitudes" dos ministros da corte suprema brasileira é que perdemos a oportunidade de frear a corrupção. O que aconteceu com o Lula foi fruto de coragem de juízes e promotores em se envolver no combate a uma verdadeira máfia para poder dar uma esperança ao Brasil (sem entrar no mérito de julgado e julgador).

Com essa reviravolta, temos como consequência certa que as próximas duas ou três gerações ainda terão que conviver com esses corruptos (o sistema corrupto), pois a coragem de novos agentes para enfrentá-los vai demorar para acontecer novamente. Primeiro, porque esse episódio terá que ser esquecido para que esse fracasso dos bem-intencionados de hoje não desmotive os bem-intencionados do próximo século a agirem novamente.

Mas o Brasil é poderoso! Não é o candidato A ou B que impedirá o progresso. Não confunda especulação com o real potencial de negócios e procure se aprofundar nas informações sem "vícios".

Se você procurar uma opinião e essa for oriunda de uma "bolha bolsonarista" (no momento do governo Bolsonaro), ela vai te falar que o Brasil está muito melhor e que uma eventual eleição de um partido de esquerda acabaria com o país. O oposto ocorreria se você perguntasse para alguém da "bolha lulista" sobre a situação.

Procure informações imparciais! E já aviso: será difícil. Por isso, é muito importante o aprimoramento do seu discernimento.

E olha que curioso e impulsivo. Após a anulação dos processos de Lula, houve muitos comentários de algumas personalidades simpatizantes com a "direita" de que sairiam do país pela indignação com o ocorrido e com a provável retomada do poder pela "esquerda". Garanto que, se forem, voltam rapidinho dizendo que amam o país e não aguentam a saudade.

Balela!

É aquilo, tem muita gente que é impulsiva e essa impulsividade gera comentários aleatórios, aqueles do tipo "sem pensar", ou seja, se um comentário é automático, essa pessoa vai replicar aquilo que está sendo massivamente comunicado e recepcionado pelo seu cérebro.

Por isso a ideia do livro. Na pior das hipóteses, é para promover uma reflexão, fazer a pessoa sair do automático, daquele pré-conceito estabelecido pelos meios de comunicação e colegas.

Na história da humanidade, desde que mundo é mundo, a comunicação (e sua respectiva manipulação por aqueles que detém esse poder) acaba "moldando" a sociedade e mudando a própria História.

Entender como a nossa sociedade foi "forjada" através de eventos históricos, como, por exemplo, daqueles que em um determinado momento do tempo foram perseguidos, os que doutrinaram o povo (e como os doutrinaram) para que essa perseguição fosse factível, enfim, entender essa dinâmica, que mudou muito pouco com o passar dos séculos, é fundamental para você entender também como funciona mecanismo de gestão atual da informação.

Recomendo assistir no YouTube o "HUMORISTA NA MAÇONARIA", o episódio 217 do Planeta Podcast[56].

Esse programa tem duração de quase três horas, mas só peço que priorize os primeiros vinte e cinco minutos iniciais, pois são fantásticos em termos históricos e da elucidação de como a comunicação foi capaz de direcionar a história.

Feito por comediantes de *stand-up*, a ideia do programa é ter um tom engraçado para a "investigação" do universo de um maçom que se tornou humorista. No entanto, diante da inteligência de entrevistadores e entrevistados, temos uma verdadeira aula de História nesses minutos iniciais, que evidencia o que menciono nos parágrafos anterio-

56. https://www.youtube.com/watch?v=1MaMPmUMtyM.

res, ou seja, a manipulação da comunicação (ou gestão dela) para mudar o mundo, tanto no âmbito dos pequenos grupos de se organizaram (entendendo a origem dos maçons), mas também os poderosos que lidavam com a massa da população (gestores públicos). Vale a pena assistir.

Quando temos uma visão limitada (por incapacidade intelectual ou por manipulação), é comum que esse tipo de reflexão, em um primeiro momento, gere um ar de estranheza ao pensar de forma diferente; digo isso porque, ao pensarmos que o Brasil é um lugar bom para se investir e viver enquanto o mundo e a mídia dizem ao contrário, de início, parece improvável e até fruto de obra de ficção. Foi o que aconteceu comigo, com o Fabrizio Maciel e com outros tantos.

Baiard Guggi é mais um amigo bom de bola que convidei para escrever algo sobre as oportunidades no Brasil por basicamente quatro motivos: 1º) Fazemos uma dupla praticamente imbatível quando jogamos juntos. Ficamos um bom tempo sem perder quando nos colocavam no mesmo time nas nossas peladas dominicais; 2º) Sua coerência nas colocações, suas opiniões e seus princípios sempre vêm com muita integridade e discernimento; 3º) É um crítico fervoroso do governo atual (em 2022), ou seja, se ele conseguir enxergar oportunidades mesmo com uma gestão desalinhada com suas percepções, certamente o cenário brasileiro oferece condições palpáveis para se empreender; 4º) Ele é proprietário de uma das principais consultorias do setor de educação do Brasil, isto é, em um país carente de educação e, aparentemente, desinteressado por escolas, seria interessante saber se há oportunidades nesse setor também pelo ponto de vista do especialista. E olha que bom: o cara aceitou o convite!

"Ao ser convidado para escrever em um livro que tratava de enxergar o nosso país por uma ótica do potencial que ele apresenta fiquei, primeiramente, lisonjeado. Imediatamente a seguir, a sensação que me dominou foi a de inquietação e reflexão.

Isto porque o Brasil, sem dúvida, é um país de muito potencial. Diversidade ambiental, extensão territorial, grande mercado consumidor, sem maiores catástrofes naturais, distante de ambientes de guerra, entre outros. Mas é assim desde os tempos do Império. Daí minha inquietação de 'se temos tudo isso, por que ainda não decolamos?'.

Longe de querer fazer uma abordagem sociológica, quero propor apenas uma reflexão: um lugar com tantos atributos pode gerar atitudes oportunistas ou atitudes oportunas. A diferença semântica é sutil, mas as consequências são totalmente diferentes.

Ações oportunistas são aquelas que aproveitam as oportunidades para exclusivo benefício próprio e de curto prazo. Ações oportunas da mesma forma servem-se das oportunidades, entretanto, para benefícios comuns (ainda que maiores para quem se aproveita dela) e de médio e longo prazo.

Um exemplo fácil de se imaginar: um dono de açude no Nordeste pode ser oportunista e, em tempos de seca, vender caminhões pipa a preços exorbitantes. Da mesma maneira, pode ser oportuno e abrir novos açudes para vender mais água, a um preço razoável em outros locais, inclusive possibilitando a melhoria das propriedades rurais, gerando mais utilização para sua água.

Nosso maior problema é que somos sufocados por atitudes oportunistas desde os tempos da colonização, seja na economia, na política, no meio ambiente etc. Não vejo outro remédio para acabar com essa situação a não ser a educação. Por isso mesmo, vou enfatizar esse setor e explorar suas potencialidades a seguir.

A grave situação de saúde causada pela pandemia da Covid-19 trouxe, evidentemente, consequências para todos os setores da sociedade. Na área de educação, as instituições de ensino tiveram um grande desafio a superar: em cerca de dez dias, em março de 2020, precisaram mudar totalmente o seu modelo de aprendizagem, da experiência presencial para a remota. E, com maior ou menor dificuldade, obtiveram êxito nessa tarefa.

Do ponto de vista da gestão econômico-financeira das instituições privadas, o obstáculo foi e está sendo tão grande quanto. Mesmo nas instituições com maior capacidade de planejamento, essa situação foi totalmente imprevisível. Verificou-se uma considerável diminuição na receita, seja por cancelamento de matrículas, interrupção de serviços ou inadimplência e, no mínimo, manutenção das despesas num primeiro momento.

Em crises como essas, costuma-se dividir as fases de ação e planejamento em três etapas: Resposta, Recuperação e Sustentação.

A fase de Resposta corresponde aos primeiros movimentos de reação à crise. Vale para todos os setores, inclusive na área da saúde. Diz respeito às medidas de curtíssimo prazo e de resultado imediato como uma forma de atenuar a situação de momento. Exemplos são a utilização das medidas governamentais como a MP-936 de redução de jornada e salário, financiamento da folha de pagamento com a MP-944, postergação do pagamento de impostos, negociação dos maiores desembolsos como aluguel e serviços terceirizados.

Nesse momento, surgiram grandes oportunidades para aquelas empresa e profissionais que dominavam os recursos tecnológicos para a realização de aulas (meetings, conferências etc.) remotas. Esse é um campo de enorme potencial, pois novas metodologias estão sendo desenvolvidas a cada instante e esse é um movimento que veio para ficar, mesmo com o retorno das aulas presenciais. Soma-se a isso a baixíssima capacitação dada pelas faculdades de pedagogia nessa área, possibilitando um mercado de todos os educadores do país a serem desenvolvidos.

Essa fase de Resposta se estende desde a suspensão das aulas presenciais até o momento da retomada. A partir daí, se inicia uma nova fase, com desafios ainda maiores, tanto na área pedagógica com o modelo híbrido, quanto na gestão, com a recuperação das receitas perdidas e a preparação para as matrículas.

Essa nova fase chama-se Recuperação. O segredo para definir uma boa estratégia nessa fase é desenhar com clareza o novo cenário (ambiente), tanto externo quanto interno, para aproveitar as oportunidades que surgiram e se proteger das ameaças.

Uma das técnicas mais simples e objetivas que existem para isso é a análise SWOT (Forças, Fraquezas, Oportunidades e Ameaças, na sigla em inglês). Apesar de não ser uma metodologia nova, ela é ideal para esse momento, uma vez que nos traz clareza e objetividade na definição de prioridades de ação e resposta à nova realidade.

O primeiro passo é analisar o ambiente no qual a escola está inserida. Quando se fala em ambiente, devemos entender como tudo aquilo que influencia o negócio educacional e os gestores e mantenedores nada ou muito pouco podem fazer para alterar. São as tendências demográficas, culturais, políticas, econômicas, tecnológicas, entre outras. Também se incluem as variáveis do ambiente externo à instituição de ensino como concorrentes, mercado consumidor e fornecedores.

A partir dessa leitura, deve-se identificar quais são as tendências que oferecem oportunidades e quais são aquelas que trazem ameaças. Por intermédio da minha atividade profissional, realizei alguns painéis de especialistas com o objetivo de identificar essas tendências. As que mais se destacaram foram: maior presença do home working no ambiente familiar; intensificação do ensino remoto; flexibilização das leis trabalhistas; diminuição da renda das famílias; maior preocupação com a saúde e higiene na hora de escolher uma escola para os filhos; necessidade de ajuste fiscal por parte do governo; comunicação entre escola e família cada vez mais por meio digital; preocupação em manter uma reserva financeira de emergência, tanto para pessoas físicas quanto para as empresas.

Cada gestor pode fazer essa reflexão e elencar as principais características da sua realidade local para, a partir daí, dividi-las entre oportunidades ou ameaças. Procure ser o mais objetivo possível, pois existe uma tendência de quem é mantenedor a enxergar quase tudo como oportunidade, fazendo com que se assumam mais riscos do que o necessário.

A segunda fase da metodologia SWOT é olhar para dentro da própria escola e identificar quais são os pontos fortes e fracos da instituição. Da mesma maneira que a análise do ambiente externo, aqui deve-se ter o cuidado de não exagerar nos pontos fortes, uma vez que, quando se trata de mantenedores, a escola pode ser considerada como um filho e sabemos o quanto é difícil enxergarmos nele ou nela, com objetividade, defeitos e fraquezas. Portanto, consulte sempre, além da equipe interna, opiniões o mais distanciadas da instituição possível.

A análise conjunta dessas quatro categorias (Forças, Fraquezas, Oportunidades e Ameaças) dará o caminho para a melhor estratégia nesse momento que deverá incluir, necessariamente, a gestão financeira, de clientes e de marketing. Deste planejamento podem surgir grandes oportunidades como a implantação de novos cursos, atendimento a novos públicos ou reestruturação de espaços ociosos para novos negócios.

A fase seguinte, Sustentação, depende essencialmente do sucesso na fase de Recuperação.

Um cuidado importante que se deve ter é com essa expressão de 'novo normal'. Primeiramente, porque nem tudo é novo: as famílias continuam com a necessidade de matricular seus filhos todo ano em alguma escola, a concorrência continuará acirrada, os funcionários serão basicamente os mesmos e a necessidade de uma gestão profissional para garantir a sustentabilidade de longo prazo da Instituição de Ensino continuará sendo essencial.

Em segundo lugar, porque 'normalidade' traz uma ideia de 'estabilidade' e isso, provavelmente, estará longe da realidade. É bem possível que seja um ambiente no qual o cenário mudará mais rapidamente, tanto por causa da incorporação de tecnologias, quanto pela velocidade da troca de informação entre as pessoas e de possíveis aparecimentos de novas emergências de saúde. Isso faz com que a instituição de ensino tenha que desenvolver um senso de prontidão e agilidade muito mais apurado para responder às mudanças com mais velocidade e precisão.

O Brasil de hoje, 2021, está repleto de oportunidades na área de educação, sendo as principais:

- Muitas escolas privadas são de propriedade familiar, sem a formação de herdeiros, possibilitando a consolidação de mercado por fusões e incorporações;

• Necessidade de mão-de-obra qualificada na indústria, no setor de serviços e nos órgãos públicos, gerando mercado para qualificação de curto e médio prazo não somente de jovens, mas de todos os profissionais que buscam qualificação;

• Para concretizar todo o seu potencial turístico, nosso país precisa de pessoas com fluência em outros idiomas, principalmente inglês, espanhol e chinês, o que abre mais um amplo mercado para a oferta de cursos desse tipo;

• Escolas públicas de educação básica possuem recursos disponíveis do orçamento e carência em material didático, capacitação de profissionais e infraestrutura;

• A educação empresarial potencializada pelo uso de tecnologias e personalização para cada setor de atividade permite investimento em produtoras de conteúdo e metodologias;

• A abertura de mercado para a tecnologia 5G traz consigo a necessidade de reformulação do parque tecnológico das instituições de ensino e seus parceiros.

Precisamos torcer e, mais do que isso, trabalhar com empenho para que essas oportunidades sejam aproveitadas por empreendedores responsáveis e não por oportunistas. Somente assim construiremos um país verdadeiramente sustentável e desenvolvido."

Baiard Guggi Carvalho - Sócio proprietário da Alabama Consultoria Educacional.

Cinco pontos que destaco dessa contribuição: 1º) o difícil processo de reflexão que parece ser "sintoma" indissociável do brasileiro quanto o tema é oportunidades de se empreender no país; 2º) o reforço no que foi amplamente mencionado aqui com relação ao planejamento (ou a falta dele); 3º) a caraterística do povo brasileiro em se adaptar, a criatividade de superar desafios e encontrar meios para o progresso; 4º) a preocupação com a responsabilidade social das instituições (políticos, a própria população e acrescento o que venho salientando em boa parte do livro, a responsabilidade dos meios de comunicação por menos viés e mais senso agregador e construtivo); 5º) a grande quantidade de oportunidades no setor da educação.

Não consigo mostrar tudo. São muitas oportunidades no Brasil, seja nos grandes centos, no interior do país, em vários segmentos, homens, mulheres e crianças podem ganhar dinheiro. Isso mesmo, criança. Lá na frente tem um depoimento do Raul Corrêa da Silva, *chairman and CEO* da BDO Brazil, que relata que começou a empreender com 8 anos de idade, montou sua linha de produção na sua casa e ganhou dinheiro até os 15 anos de idade, quando iniciou um trabalho formal.

IV
CONSIDERAÇÕES FINAIS

O primeiro grande ponto a ser considerado é a competência dos nossos meios de comunicação em despertar o interesse da sua audiência através de manchetes muito bem elaboradas. Isso faz parte também de uma espetacular capacidade criativa do povo brasileiro.

O ponto é que boa parte do nosso povo só lê as manchetes e outros, que leem a reportagem completa, têm certa dificuldade de entender o contexto devido a questões culturais (do próprio âmbito da educação). A deficiência pela falta de leitura gera um entendimento distorcido, muitas vezes estimulado de forma intencional por meios de comunicações com pouco senso de responsabilidade.

É comum extrair frases soltas de personalidades, de cientistas (até pseudocientistas) e colocar como destaque em primeira página do site, postagens do Instagram etc., fazendo com que o receptor da mensagem absorva isso como uma verdade absoluta.

Ratifico aqui a minha admiração pela competência da imprensa em atrair audiência, mas alerto também para que sejam mais responsáveis, menos parciais e que façam sua parte social colaborando com o crescimento do país e mostrando também as coisas boas.

Devemos ser críticos ferrenhos de todos os governos, pois não podemos nos esquecer de que eles estão lá para nos servir, mas essa deve ser uma crítica construtiva. Mostrando, por exemplo, oportunidades de melhorias e expansão de setores da economia, comparando com outros países e evidenciando a inércia dos governantes que inibem o desenvolvimento desse determinado segmento. Percebe a diferença?

Precisamos fomentar a união. Segregar é estratégia política para "nichar", segmentar a população para eleger "pseudodefensores" de determinado grupo, mas com um péssimo resultado social.

Chegamos ao ponto em que apoiadores de um grupo político passaram a desejar "boa sorte ao vírus da COVID-19", quando se noticiava que a pessoa simpatizante do grupo oposto ao seu havia contraído a doença. Quando um lado defende uma linha de pensamento, o outro lado imediatamente afirma que deve ser o oposto do declarado. Independente se o defendido é o mais adequado para o referido ponto.

Portanto, ao buscar informações para empreender, é preciso ter cautela com a fonte de informação que escolher para consultar. Imprensa, pessoas e entidades com vieses devem ter suas afirmações e publicações ponderadas nas suas decisões.

Não replique notícias sem a sua avaliação pessoal e identifique se você mesmo não está sendo parcial. Eu defino fanatismo como burrice. Até relevo a paixão pelo futebol, mas felizmente já me desapeguei desse mal também.

Quando se tem viés, fanatismo e idolatria, se tem cegueira! Guiar-se por esse tipo de fonte não é prudente. Por isso a pesquisa é importante, pois elimina o seu próprio viés e lhe permite enxergar de outras formas o ambiente, o mercado.

Mas, para isso, você precisa se permitir a essa condição, precisa baixar a guarda e deixar a informação diferente daquilo que pensa chegar para lhe dar condições de analisar de forma mais ampla.

Esse é o papel desse livro. Talvez ler aqui muita coisa diferente do que você está acostumado a ler e ouvir cause estranheza; por isso usei artigos, declarações e citações além das minhas percepções para lhe fazer refletir sobre o quão alienado estamos.

Pressionemos nossos gestores mostrando caminhos, estimulando as pessoas a explorar determinado segmento, cobrar das autoridades atitudes construtivas, pois isso gera emprego, gera crescimento, gera amadurecimento da nação, atrai investimentos, proporciona qualidade de vida e muda a perspectiva sobre o Brasil.

O *telecatch* jornalístico já ficou enfadonho. O modelo é miserável em conteúdo e a qualidade tende a despencar com a mesmice sendo vista e ouvida em várias fontes ao mesmo tempo. Isso só angaria uma legião de seguidores alienados e o desespero pela audiência inibe, inclusive, a ousadia e respectiva evolução como meio de comunicação.

Por outro lado, há também aquele ranço gerado por parte daqueles que identificam a parcialidade na comunicação e provavelmente nunca mais voltaram a ser consumidores do tal serviço.

Você viu que tivemos alguns colaboradores nesse material, mas alguns profissionais com os quais comentei sobre o livro apresentam formas diferentes de avaliar o tema. Os profissionais que colaboraram com esse material são vencedores! Eles empreenderam ou estão em posições de destaque em suas companhias e enxergaram que há, sim, um caminho diferente daquele que é popularizado como o da degradação do que é nosso.

Muitos dos que entendem que o Brasil é um lugar ruim para empreender têm pouco conhecimento do que é investir fora do Brasil (uma perspectiva de turista, quando muito), fato que inibe uma comparação imparcial. Além disso, noto que são pessoas que, apesar de seus bons cargos, estão sob forte pressão por metas e, para justificar suas dificuldades nesse atingimento, consideram mais confortável adotar o discurso de dificuldade do ambiente para justificar seu empenho no trabalho. Isso não é uma ofensa, é uma característica comportamental observada.

Veja quantos empresários bem-sucedidos brasileiros estão morando fora do país. Procure e obtenha essa resposta, mas já lhe adianto que são poucos. Aqueles que optaram por morar fora do Brasil fizeram-no por uma "pegada" de "tirar o pé do acelerador" e curtir a vida um pouco mais, conhecendo outras culturas, mas, certamente, se não se aposentaram, o que está financiando essa vida forasteira são os recursos oriundos de negócios no Brasil.

Temos sim empresas brasileiras, empresários brasileiros investindo fora do país. Portanto, é a nossa gente, nosso potencial fazendo negócios com suas origens aqui. Tenho, como exemplo, Raul Corrêa da Silva, *chairman and CEO* da BDO Brazil, que colaborou com essa publicação com sua visão e parte de sua história:

"Quando falamos em oportunidades de empreender no Brasil, a resposta não é tão simples, por uma série de fatores. Mas, sim, o país oferece condições para as pessoas que acreditam em um projeto e dedicam a sua vida a ele.

E começo esta resposta relembrando uma experiência pessoal. Quando tinha apenas oito anos de idade, fiz uma pipa e saí para empinar em um campo que tinha ao lado de minha casa. Neste dia, um menino me perguntou se eu a venderia, e respondi que sim. Naquela época não tínhamos televisão, então ficávamos no pátio brincando ou jogando bola. Quando vendi, mesmo ainda muito novo, percebi naquele momento que poderia ganhar algum dinheiro desta forma, e foi aí que comecei a fabricar pipas.

Então imagine. Nós éramos em quatro, eu e três irmãs. Uma afinava as varetas, eu fazia as vendas, outra fazia barbatana e a outra colava. Não conhecia na ocasião nem Taylor, nem Fayol e nem Ford, mas já tinha montado minha própria linha de produção, e vendi as pipas até os 15 anos, quando comecei a trabalhar em uma empresa. Veja, vendíamos no bairro, para armazéns, e conseguimos uma razoável produção. São coisas assim que fazem parte do que somos, e que, mesmo em uma pequena escala, mostram essa condição muito boa de oportunidades no Brasil. Se você se dedicar, com profissionalismo, a chance de dar certo é muito boa aqui.

Então, costumo falar que o primeiro passo é tentar entender o Brasil. Nossa história nos mostra que momentos de crise econômica praticamente fazem parte do 'pacote', e justamente por isso nós temos uma característica interessante em relação ao empreendedorismo. O brasileiro consegue se reinventar em momentos de dificuldade. A pandemia da COVID-19, que já dura mais de um ano, nos mostra isso. Diversos segmentos se reinventaram com sucesso.

Uma característica que percebo, no entanto, e acaba por determinar uma jornada de insucesso em alguns negócios, é a falta de planejamento. Boa parte dos brasileiros não tem a cultura de fazer uma análise específica de mercado, buscar uma consultoria especializada. Ele acredita que pode fazer tudo sozinho, às vezes até de forma amadora.

Tudo começa a mudar de cenário quando conseguimos unir nosso espírito empreendedor a um planejamento alinhado. A BDO é um exemplo disso. Começamos a empresa há 20 anos com seis profissionais. Hoje nós somos 1.700 profissionais, 24 filiais espalhadas pelas principais cidades do Brasil. Mesmo com a pandemia, nós estamos mudando o escritório do Rio de Janeiro, temos novos escritórios em Salvador e Uberlândia. Estamos crescendo sem parar, porque acreditamos e nos dedicamos ao nosso negócio.

Para se ter uma ideia, a BDO é quinta maior empresa de auditoria e consultoria do mundo, e no Brasil, que é um território muito importante para a estratégia da rede, também é a número cinco. E é importante pelo número de pessoas que empregamos, pelo número de clientes, pela expertise dos nossos profissionais e qualidade na entrega dos nossos serviços.

Ou seja, existe muito espaço para crescimento em nosso país. Ressaltando que o empresário brasileiro jamais pode esquecer que é preciso ter equipe, pois sozinhos fazemos mais rápido, porém juntos vamos mais longe.

Então, uma pergunta que fica. O que precisamos fazer para poder empreender? Ser muito autêntico e gostar *do que fazemos. O Brasil é muito forte e qualquer negócio, desde que bem administrado, pode dar certo.*

Basta acreditar mais em nosso potencial."

Raul Corrêa da Silva*, chairman and CEO *da BDO Brazil

O que o Raul colocou foi o que abordamos amplamente no decorrer do livro. Portanto, é uma questão de mudar o *mindset*. Você, se tem pretensões mais ambiciosas para sua vida, se quer empreender, mas pensa como o "pessimista", esse material pode te ajudar bastante. Primeiro, para trabalhar essa linha de pensamento negativa e replicadora de más notícias. Segundo, para te encorajar a viver um pouco dessa perspectiva daqueles que venceram e entenderam que é possível sim ser empreendedor e feliz no Brasil.

A felicidade passa por sentir orgulho do que fazemos e do que somos. Já se perguntou se o que você faz é um bom trabalho? Gosta do que faz? Quando nos referimos de forma pejorativa aos produtos chineses por exemplo, é mais ou menos dessa forma que você considera o que você produz?

Nós somos os maiores e melhores em muita coisa. Só não somos uma potência mundial ainda maior em outras áreas e com maior reconhecimento porque falta confiança e até um pouco de discernimento, de desligar o automático e acionar a percepção real para podermos propagar o que realmente somos.

No livro que mencionei de minha autoria (Filogeministração – O Conceito) destaco que ***"o maior desafio da humanidade atualmente é aprender a lidar com o cérebro"***. Isso porque somos bombardeados com informações que nos ditam regras, muitas das quais sufocam nosso inconsciente, inclusive estabelecendo padrões que muitas vezes não condizem com nossa personalidade.

Eu também vejo a segregação como uma tática política. No marketing chamamos mercados específicos de "nichos". Quando "nichamos" o mercado, podemos trabalhar melhor as estratégias e assim potencializar as vendas. Quando isso vai para o âmbito social, o discurso para esse segmento faz com que o político crie uma identidade com esse perfil de eleitor. No entanto, não se medem as consequências quando associam a aflição de um determinado grupo à ação de outro. Já percebeu quais são os motivos de discórdia e confusão social dos últimos tempos? Religião, raça, opção sexual, ideologia política e por aí segue...

A união de um povo não é um cenário ideal para governantes. É preciso o caos para que haja um salvador.

Em meados de maio de 2020, no "olho do furacão" da primeira onda do COVID-19 no Brasil, o ministro da Economia, Paulo Guedes, falava sobre a discussão que se tinha para conseguir aprovar o "auxílio emergencial" (valor para a população que não poderia trabalhar devido ao *lockdown*) e ressaltou a disputa política (quem ganharia visibilidade eleitoreira com tal fato) e, mais uma vez, vimos o papel da imprensa no arrefecimento da discussão:

"Numa hora dessa, não estamos fazendo o suficiente, o governo é descoordenado, o governo não consegue entregar. Isso é injusto. Isso é uma covardia num momento em que estamos todos envolvidos nessa luta. Quarenta milhões de brasileiros digitalizados em duas ou três semanas, o dinheiro chegando, enquanto, nos EUA, os cheques ainda não chegaram, o país mais rico do mundo.

E nós, aqui, sendo apedrejados enquanto lutamos em defesa do país. Então, o apelo que eu faço é que haja moderação de parte a parte. Se nós estamos um pouco excitados pela luta também e pelo combate e estamos cansados, nos perdoem se errarmos.

Agora pensem também no que está acontecendo do lado de cá. Onde (sic) um país onde não há corrupção, onde o presidente luta desesperadamente para mudar a forma como a política era feita. Para reafirmar valores que 60 milhões de brasileiros que o apoiaram, como família, como religião.

Todo mundo é livre para ter a crença que quiser. Agora, respeito de parte a parte. Não faz sentido nós estarmos num barco, ameaçado de ser afundado por duas ondas enormes, e nós estamos lutando a bordo?

O que nós vamos conseguir com uma luta a bordo desse barco?

Vamos salvar o barco. Quando a gente chegar em terra firme, a gente começa a brigar de novo."

Abrir os olhos para isso passa pelo processo de entendimento da máquina, do nosso corpo, do nosso cérebro. Não se permita ser doutrinado, não se permita ter suas opiniões moldadas de forma que atendam às expectativas (e interesses) de alguns. Não permita que suas características, as características de seu povo e de seu país sejam denegridas.

O cérebro sem parâmetros é como um barco à deriva, ou seja, fica vagando pelo oceano seguindo as forças das ondas e dos ventos. Portanto, coloque um motor no seu barco, aponte a proa para onde quer chegar e siga em frente!

Que fique registrado que isso não é um "privilégio" do Brasil, faz parte do jogo político desde a época que a "força" deu lugar para a estratégia, a inteligência e persuasão para alguém chegar ao poder. Antigamente o exército mais poderoso reinava absoluto. Hoje, quem tem melhor discurso tem grande vantagem de angariar o poder.

Não é por menos que vemos discursos inflamados da oposição acusando a gestão de seu adversário político (de qualquer parte do mundo) de fazer coisas erradas e até criar clima de terror. Um verdadeiro vale-tudo pelo poder.

No mês de março de 2021, o presidenciável e derrotado seguidas vezes ao cargo, oposicionista e um dos “coronéis” da região Nordeste do Brasil, Ciro Gomes, declarou:

“A reeleição foi uma perversidade que o Fernando Henrique introduziu na nossa vida, felizmente, ele reconhece, faz com que na hora que o cara se eleja, a oposição se ponha destrutivamente porque senão o cara acerta a mãe e ganha 8 anos. Nós todos estamos tratando de destruir o Bolsonaro, senão ele fica aí 8 anos e acaba de liquidar o país.”

As palavras de Ciro Gomes entregam o “modus operandi” da oposição. E essa conduta é a mesma para oposição e situação quando invertem os comandos. A oposição é fundamental para inibir excessos autoritários, mas quando o poder fica acima dos interesses do povo, é sinal de alerta ligado.

E já mencionei lá atrás que impérios caem, modelos de gestão são renovados sempre e que acredito que estamos em um momento de transição do modelo de gestão social global (não só no Brasil). Acho que um primeiro passo para o Brasil seria a mudança de “presidencialismo” para “parlamentarismo”, pois tirando a figura do presidente e o respectivo sentimento que “um” comandante detém o poder (embora não seja) as tensões seriam aliviadas. No entanto, acredito que é um momento histórico, em que estamos em um processo de uma mudança importante nos rumos da sociedade.

O povo, como em impérios que caíram no decorrer da história, vai deixar de seguir e doutrinar esse tipo de personagem e buscar algo mais disruptivo e até independente.

Atualmente vemos o crescimento das criptomoedas e as que mais valorizam são justamente aquelas desvinculadas a instituições. Esse é um sinal importante de que a nova geração não quer ser monitorada, controlada, regulamentada e taxada por instituições públicas ou privadas. Quer ter sua liberdade para comprar quando, como e onde quiser. É a pessoa com o poder de gestão absoluta das suas economias nas suas próprias mãos (no seu dispositivo eletrônico).

Considerando que valor da moeda é subjetivo e oriundo da confiança dos seus usuários, não há garantias de que as potências mundiais atuais vão se manter com esse status por muito tempo. O movimento está acontecendo, os ventos estão soprando para novas direções, o veleiro está seguindo novas rotas e quem não se atentar a esse movimento tende a ficar para trás.

A divisão política, social, enfim, os conflitos pelo mundo pelos mais diversos motivos demonstram a saturação do modelo atual. Preocupa-me, porque as mudanças sempre ocorrem após conflitos de grandes proporções e traumáticos. Hoje arrisco dizer que estamos mais próximos de uma guerra civil do que de uma Terceira Guerra Mundial.

É, está chegando ao fim do livro, mas talvez você pode estar pensando que essa visão otimista é de oriunda de alguém que não sofreu por causas típicas do Brasil. É mais ou menos parecido com a discussão entre aqueles que defendem o *lockdown* durante a pandemia, mas têm reservas financeiras ou trabalho garantido que permite ficar em casa contra os que tiram o seu sustento dia após dia de trabalho, no modelo da era primitiva ou dos próprios índios que dependem da sua jornada fora de casa para trazer o sustento, a caça para alimentar sua família. O que não sai para caçar não sabe a angústia que é viver um dia após o outro sem saber como será o amanhã, por isso, esses "caçadores" são contra o *lockdown*.

Mas confesso que a vontade de sair do Brasil tinha, sim, um ranço significativo da minha parte com o país devido um bocado de coisas que aconteceram na minha jornada da vida.

Sou filho de marceneiro, mãe nordestina que quando criança chegou a dormir no chão batido de terra e até comer essa terra para inibir a fome. A vida não foi fácil. Estudei em escola pública, entrei na faculdade privada e pagava a mensalidade com 100% do que recebia como salário e ainda esse dinheiro não dava. Tinha que completar vendendo 50% do vale-transporte e, como consequência, uma parte do trajeto entre o trabalho e minha casa tinha que ser feita a pé para compensar a tal escolha.

Em casa, éramos em oito. Meu pai, minha mãe, eu, meus dois irmãos de sangue e mais três irmãos por parte de pai, frutos do primeiro casamento, cuja esposa havia morrido vítima de doença de Chagas.

Morávamos em uma casa bem velha no Brooklin em São Paulo, com dois dormitórios. Minhas irmãs por parte de pai dormiam em um dormitório, meu irmão (por parte de pai) dormia no chão da sala e eu, meus dois irmãos, meu pai e minha mãe (5 pessoas), dormíamos no outro quarto.

Esse bairro atualmente é um dos metros quadrados mais caros do Brasil, mas nessa época era um verdadeiro brejo. Enchentes ocorriam quase sempre e lembro que tínhamos que colocar até uma cerâmica sobre o ralo do box, pois vez ou outra aparecia um rato querendo entrar por lá. Vaso sanitário também sempre tampado, pois esse visitante também tentava esse atalho para entrar em casa.

Mas demos sorte! O bairro se valorizou e em 1989, depois de muito assédio de empreiteiras querendo comprar todas as casas da rua para construir prédios comerciais, vendemos e meu pai, no auge dos seus sessenta anos, beirando os setenta, recebeu um bom dinheiro pela venda da casa e finalmente vislumbrou a tão sonhada aposentadoria com certa tranquilidade.

Comprou uma boa casa em um bairro mais afastado justamente para sobrar o dinheiro e ajudar os filhos a pagar os estudos dos mais novos e os mais velhos comprarem suas casas. Mas o sonho durou pouco, pois exatos três meses após a mudança de vida veio o famigerado Plano Collor.

Para aqueles que não conhecem, resumidamente, esse desastroso plano confiscou todo o dinheiro dos brasileiros que estava nos bancos com o objetivo de controlar a inflação no Brasil.

Como sobreviver sem receita, sem trabalho?

Meu pai havia parado de trabalhar, vendeu máquinas, não tinha mais oficinas e clientes. Foi lá que presenciei um homem em estado de aparente anestesia. Não reclamava, não comentava, talvez seu silêncio fosse para poupar a gente da frustração repentina, mas o olhar e os movimentos lentos de quem está literalmente perdido entregavam seu desespero.

Foi aí que vi o primeiro grande choque e decepção de ser brasileiro. Ver o sonho sendo esfacelado por um governo desastroso como esse e ainda com seu próprio pai não é coisa que sai da memória facilmente.

Em 1997, o então presidente da República Fernando Henrique Cardoso, vislumbrando a reeleição, depois de ter estabilizado a inflação, garantiu que a cotação do dólar se manteria equivalente à do real (cotação de um por um). O imbecil aqui, em 1998, já com empresa operando, comprou veículos com financiamento cuja correção era baseada em? Isso mesmo, em dólar! O câmbio deu uma reviravolta poucos meses após a reeleição desse infeliz e vi minhas prestações triplicando e, como resultado, a devolução dos carros aos bancos credores e nome sujo na praça. Fora um bocado de transtorno que isso gerou.

Para qualquer empresa, mas principalmente uma empresa de transportes, como era a minha, tão importante quando um bom serviço prestado é ter uma boa reputação financeira para que, em novos contratos, você adquira novos equipamentos. Sofremos assim um atraso de vida, uma estagnação comercial e o segundo grande castigo "concebido" pelo simples fato de ser brasileiro, morando e empreendendo no Brasil.

Em 2006, nove anos após o trauma cambial, consegui recuperar o crédito e os negócios iam muito bem. Contrato novo com cliente importante e demanda de caminhões para entregas urbanas. Havia pouco tempo que a prefeitura da cidade de São Paulo (gestão Gilberto Kassab) havia implantado o rodízio de veículos para melhorar as condições de tráfego e diminuir a emissão de poluentes. Entre as medidas, estava a restrição da circulação de caminhões de entrega durante o dia. Para essas entregas urbanas foi decretado que o maior veículo permitido seria o VUC (veículos urbanos de carga).

Para quem não conhece, são caminhões com medidas menores, similares às de uma van escolar, mas com maior capacidade de carga (peso). Sobre esses veículos, em uma consulta rápida na internet em março de 2021, apurei que estão na faixa de R$ 215 mil (US$ 39 mil). Portanto, um investimento/comprometimento de R$ 2.150.000,00 (US$ 390 mil) para uma empresa de médio porte é significativo.

Fui conservador e comprei “somente” dez! O cliente havia pedido o dobro disso, mas achei prudente esperar e ver como seria o desfecho do novo trabalho, rentabilidade etc.

É verdade que o tal decreto abriu uma oportunidade para esse tipo de serviço e, claro, a compra foi através de financiamento bancário. Só que não imaginava que estava prestes conhecer o terceiro grande castigo de ser brasileiro e empreendedor no Brasil.

Pouquíssimo tempo depois, ao identificar que as medidas restritivas não haviam surtido efeito, ou seja, o trânsito continuava caótico, o inteligentíssimo prefeito resolveu proibir também os VUCs.

Decisões inconsequentes de gestores despreparados que poderiam ter arruinado por mais alguns anos a minha reputação bancária. Felizmente, dessa vez, consegui direcionar essa frota para outros trabalhos no interior do Estado. É verdade que a rentabilidade foi muito menor, na verdade o suficiente para honrar com o contrato de financiamento, mas não deixou de ser um grande golpe na empresa.

Por fim, entro na esfera do Judiciário. Nesse ponto não é prudente entrar em detalhes, mas o sentimento que fica quando você se sente injustiçado pela própria Justiça quando do outro lado da mesa tem alguém poderoso é enojador.

Infelizmente essa é uma característica global, ou seja, não é só do Brasil. Isso ameniza um pouco as coisas por aqui, mas o fato é que fiquei com um grande prejuízo, na casa dos milhões. Não estou falando de indenizações, mas de recebíveis. Calote!

Enfim, um duro golpe e eu já estava com 39 para 40 anos de idade. Quando dizem que a vida começa aos 40, a minha literalmente foi obrigada e recomeçar naquele momento.

Aí você me fala: ***"Nossa, Cláudio! Você passou o livro inteiro me estimulando a empreender no Brasil e agora vem com umas pancadas dessas? Estou assustado!"***

Calma! A primeira razão para colocar tais exemplos é simplesmente te mostrar que tenho alguns "bons" motivos para justificar meu ranço com o Brasil, e mesmo assim não foram suficientes para descartá-lo com um local cheio de oportunidades e um dos melhores do mundo nesse quesito quando comparamos com outras nações vislumbradas pela maioria das pessoas.

O segundo motivo é para mostrar que, mesmo acontecendo um bocado de "contratempos", foi possível me reerguer várias vezes, ganhar dinheiro novamente, viver bem, viajar e apreciar a vida. Até meu pai com seus quase setenta anos conseguiu voltar a trabalhar e se ajeitar.

Esses episódios que relatei sobre as decisões dos governantes de certa forma já fazem parte do passado. Hoje temos uma maturidade maior, tudo que passou serviu de experiência, típica de uma nação em desenvolvimento. Portanto, é um choque que dificilmente as novas gerações de investidores e empreendedores irão passar.

É um sentimento muito comum entre os brasileiros. Eu considero como uma cicatriz causada por um acidente grave que a pessoa passou na vida e muitas vezes precisamos se uma reflexão para sair dessa bolha de pensamentos negativos. É exatamente o que vemos nas palavras de Fabrizio Maciel (Sócio diretor da Inception Consultoria e Pesquisa):

"Claudio, refleti bastante sobre a sua tese e confesso, logo que comecei a procurar motivos para se viver no Brasil, cheguei a ter instantes de desespero, pois quanto mais meus sentidos se aguçavam em busca de uma boa justificativa, mais bombardeado eu acabava sendo com motivos contrários a isso.

Sim... violência, pobreza, criminalidade, corrupção, má administração, desorganização... até a inflação, grande vilã da minha infância nos anos 80, resolveu aparecer, dando certo ar retrô à minha pesquisa.

Ainda assim, podendo pegar as minhas malas e partir, nunca cogitei fazer isso. Claro que a família conta muito, mas é mais do que isso.

Eu pertenço a esse lugar, faço parte disso tudo e aqui me sinto em casa.

Tive oportunidade de conhecer alguns países, algumas grandes cidades, mas nenhuma delas poderia ser comparada a São Paulo em diversos aspectos, uma cidade cosmopolita com clima quase tropical.

Aqui estamos dentro do mundo corporativo, com boas escolas, muitos eventos e restaurantes. É uma cidade multicultural, diversa e, ao mesmo tempo, provinciana. A uma hora da praia e um pouco mais do que isso da serra. Andando em qualquer bairro pode-se sentir o perfume do churrasco sagrado dos finais de semana.

Nosso país abraça a todo mundo, literalmente, pois em nenhum lugar do mundo se abraça tanto quanto aqui.

Aliás, um abraço, e nos vemos na padaria (outra coisa que só temos aqui)."

Fabrizio Rodrigues Maciel (Sócio diretor da Inception Consultoria e Pesquisa)

Como em toda grande nação, temos nossos defeitos, mas temos muitas virtudes. Quando temos o conhecimento, a oportunidade de compararmos o Brasil com outras grandes cidades mundiais *in loco*, percebemos o quanto somos acolhedores, oferecemos possibilidade de qualidade de vida e com muita oportunidade.

A propósito, esse fato de ser um país "em desenvolvimento" não deixa de ter suas vantagens. Normalmente tudo que acontece no mundo chega mais tarde em países considerados "em desenvolvimento". Isso serve tanto para aprendizado dos nossos gestores com políticas públicas implantadas em outras nações (possível importar, adaptar, ajustar e melhorar para alocar aqui), como para o mundo corporativo, o da moda por exemplo. As tendências geralmente surgem com os grandes lançamentos de Milão e Paris e só depois avançam para o resto do mundo.

Imagine a dificuldade de um lojista europeu para disponibilizar esses lançamentos. No Brasil essa tarefa se torna um pouco mais fácil, até pela diferença das estações do ano. O lançamento de inverno lá vai levar quatro a cinco meses para chegar aqui.

E tivemos um exemplo recente disso no âmbito da saúde. O COVID-19 tomou o mundo e chegou aqui praticamente após quatro meses. Quando chegou, já tínhamos alguma ideia de como lidar, quem eram os mais vulneráveis etc. A chamada segunda onda da doença chegou em seguida na Europa, mas nossos gestores foram tão incompetentes que ao invés de se prepararem, desmontaram os recém-construídos "hospitais de campanha" que ofereciam leitos extras para suprir o atendimento com a alta de demanda. Como resultado, mortes em fila de espera por vaga em UTI, fato que não havia acontecido na primeira onda do COVID-19 no Brasil.

Apesar de tudo, o Brasil é sim um país que tem sorte. Pode faltar competência dos gestores políticos, mas que é um país com ambiente extremamente favorável, tanto por essas questões de previsibilidade, quanto pela paz natural (amabilidade do povo e sem desastres naturais), além da vasta oferta de oportunidades de negócios, isso não dá para negar.

Hoje, falo que tenho sorte de ter nascido brasileiro, pois não sei se teria a mesma chance de recomeçar se fosse em outro lugar. Estamos vendo um bocado de estrangeiros voltando para suas nações de origem dada a escassez de oportunidades e até pela onda de nacionalismo. O Brasil é um lugar que, de certa forma, te oferece um lastro de erro, mas que também oferece uma vasta oferta de oportunidades.

Se você é brasileiro, que sorte a sua. Se você é estrangeiro, seja bem-vindo. O Brasil é a potência territorial, cultural, de povo trabalhador e acolhedor, com inúmeras oportunidades e grandes probabilidades de sucesso para aqueles que escolherem esse país como local para empreender. Aqui tem espaço para todos.

Boa sorte!

Ah, já ia me esquecendo. A razão do porquê começou tudo isso. Minha esposa abriu sua loja sim, aqui no Brasil e está feliz da vida!

Não levou muito tempo para conseguir a documentação (não foram 529 dias), fez relacionamentos com fornecedores de várias partes do país e muitas oportunidades foram surgindo. Ficou feliz com a decisão de permanecer no país.

O tempo de maturação do negócio aqui é menor do que lá. A linha do tempo de aprendizado e adaptação atrasaria a decolagem do negócio em pelo menos uns três ou quatro anos.

Itália? Quem sabe em breve vocês ouçam ou vejam em publicações do ramo sobre sua marca BRASILEIRA fazendo lançamentos e sucesso com seus produtos nesses grandes centros da moda mundial...

E o seu empreendimento, vai para onde?

Pense bem! Avalie as notícias. Não sei em que momento você estará lendo isso, mas é muito importante que sejamos críticos ao analisar a "massa de manobra". Em ano político, como agora em 2022 (ano de eleição), temos uma verdadeira enxurrada de críticas aos governos (independente de quem seja), partindo dos seus adversários políticos. Ora, se temos um partido governando e outros tantos pleiteando o cargo, obviamente haverá um massacre na comunicação.

Diferentemente dos EUA, por exemplo, que têm basicamente dois partidos, no Brasil temos 32! Então, imagine essa grande maioria trazendo problemas (que na maioria das vezes existem), mas serão potencializados no mesmo momento que as boas notícias serão desprezadas.

Então, para finalizar, veja que em um ano de eleições, em que há uma guerra acontecendo (invasão da Ucrânia pelos russos), aumento global do petróleo e consequentemente dos alimentos (inflação global) e começa-se a atribuir as mazelas mundiais aos governantes e as boas notícias se tornam pequenas chamadas de rodapé (até porque a grande maioria dos meios de comunicação, como disse anteriormente, tem sua proporção de parcialidade), trago essas pequenas (e escondidas) publicações de boas notícias, que evidenciam o poder do Brasil em superar e se destacar globalmente no âmbito econômico, mesmo quando comparado com grandes e ricas nações:

Menu Buscar Valor | Empresas Entrar ASSINE

Petrobras tem lucro recorde de R$ 106 bi

Estatal anuncia mais uma distribuição de dividendos, no valor de R$ 37,3 bilhões, aos acionistas

Fonte: https://valor.globo.com/empresas/noticia/2022/02/24/petrobras-tem-lucro-recorde-de-r-106-bi.ghtml

Detalhe importante (e curioso). Alguns links que coloco aqui podem não ser acessíveis para "não assinantes", ou seja, não há como pensar que uma instituição que abertamente é contrária ao governo só divulgue "boas notícias" em um ambiente restrito. Não se deixe manipular!

Fonte:https://agenciabrasil.ebc.com.br/economia/noticia/2022-02/governo-publica-reducao-de-ate-25-das-aliquotas-do-ipi

GAZETA BRASIL

Real amplia liderança como a moeda de melhor desempenho do mundo este ano

De Gazeta Brasil — fevereiro 23, 2022 · Dentro Economia

Fonte:https://gazetabrasil.com.br/economia/2022/02/23/real-amplia-lideranca-como-a-moeda-de-melhor-desempenho-do-mundo-este-ano/

CNN BRASIL

AO VIVO

Lucro da Vale atinge R$ 121,2 bilhões em 2021, alta de 353% ante 2020

Em 2020, o resultado da mineradora foi afetado pelos efeitos da pandemia de Covid-19, que reduziu sua produção

Receita da Vale chegou em US$ 13,1 bilhões no 4º trimestre de 2021

Fonte:https://www.cnnbrasil.com.br/business/lucro-da-vale-atinge-r-1212-bilhoes-em-2021-alta-de-353-ante-2020/

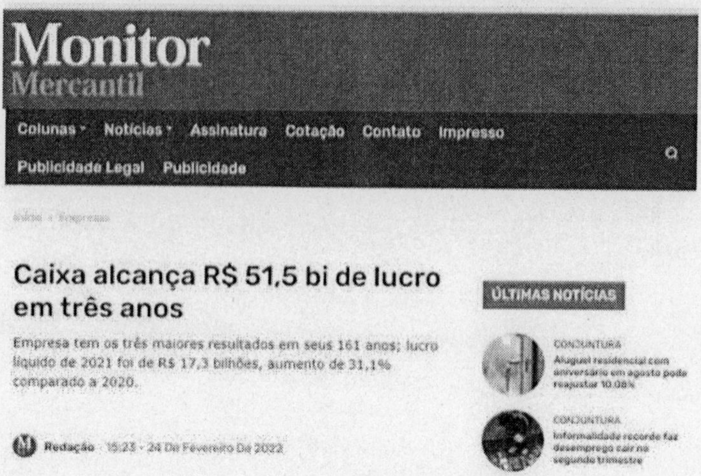
Monitor
Mercantil
Colunas Notícias Assinatura Cotação Contato Impresso
Publicidade Legal Publicidade

Caixa alcança R$ 51,5 bi de lucro em três anos

Empresa tem os três maiores resultados em seus 161 anos; lucro líquido de 2021 foi de R$ 17,3 bilhões, aumento de 31,1% comparado a 2020.

Redação · 15:23 · 24 De Fevereiro De 2022

ÚLTIMAS NOTÍCIAS

CONJUNTURA
Aluguel residencial com aniversário em agosto pode reajustar 10,08%

CONJUNTURA
Informalidade recorde faz desemprego cair no segundo trimestre

Fonte:https://monitormercantil.com.br/caixa-alcanca-r-515-bi-de-lucro-em-tres-anos/

Percebam que empresas estatais, que antes serviam como fonte de recursos para compra de atores do "sistema", hoje geram lucros expressivos. Portanto, são empresas com grande potencial, desde que não sejam saqueadas pelos governantes.

CORREIO BRAZILIENSE

Governo central registra maior superavit primário desde 1997 em janeiro

Conforme dados do Tesouro Nacoinal, no mês passado, resultado primário das contas do Tesouro Nacional, da Previdência Social e do Banco Central foi positivo em R$ 76,5 bilhões — aumento real de 59,4% sobre o superavit de janeiro de 2021

Fonte:https://www.correiobraziense.com.br/economia/2022/02/4988110-governo-central-registra-maior-superavit-primario-desde1997-emjaneiro.html

Também um link restrito para assinantes na época da última consulta. Espero que já tenha disponibilizado para “consulta pública”...

AgênciaBrasil

© Fernando Frazão/Agência Brasil

Economia

BNDES tem lucro líquido recorde de R$ 34,1 bilhões em 2021

Volume 65% superior ao registrado em 2020

Fonte: https://agenciabrasil.ebc.com.br/economia/noticia/2022-02/bndes-tem-lucro-liquido-recorde-de-r-341-bilhoes-em-2021

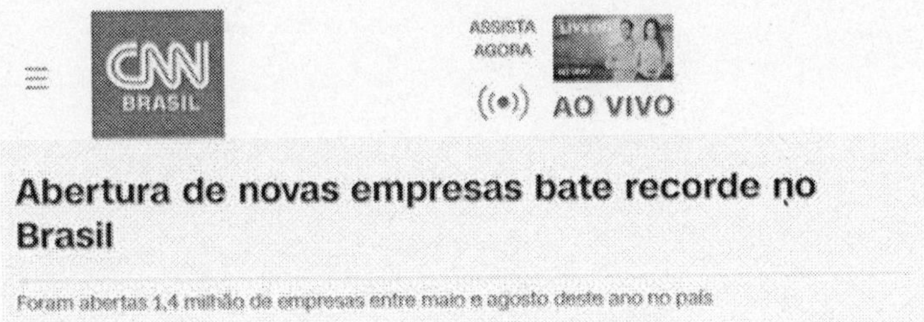
CNN BRASIL

ASSISTA AGORA

AO VIVO

Abertura de novas empresas bate recorde no Brasil

Foram abertas 1,4 milhão de empresas entre maio e agosto deste ano no país

Fonte: https://www.cnnbrasil.com.br/business/abertura-de-novas-empresas-bate-recorde-no-brasil/

BNDES

11 de novembro de 2021 Relações com Investidores | Mercado de Capitais | Notas | Institucional | Comunicados | Finanças

BNDES dá impulso às desestatizações, anuncia novas linhas para economia verde e amplia lucro em 29% no terceiro trimestre

Carteira total conta com 163 projetos de desestatização, que somam R$ 287 bilhões

Fonte:htpa-impues-anuncia-novas-linhas-para-economia-verde-e-amplia-lucro-em-29#:~:text=O%20Banco%20Nacional%20de%20Desenvolvimento,ES%20G%C3%A1s%2C%20de%20concess%C3%B5es%20florestais

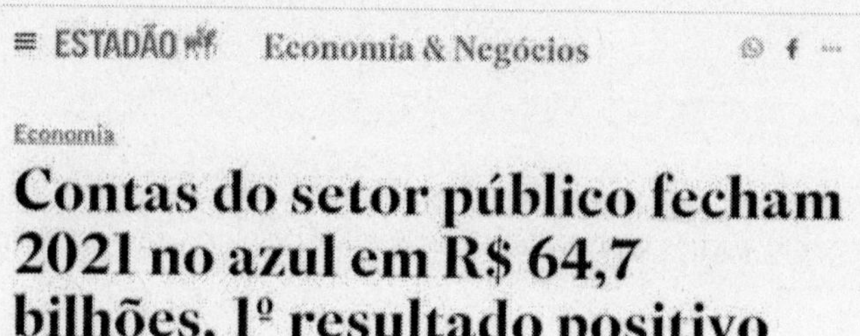

ESTADÃO Economia & Negócios

Economia

Contas do setor público fecham 2021 no azul em R$ 64,7 bilhões, 1º resultado positivo após sete anos

Resultado teve impacto direto da inflação, que elevou a arrecadação de impostos; Estados e municípios tiveram saldo de R$ 97,69 bilhões, o maior da série histórica

Fonte:https://economia.estadao.com.br/noticias/geral,contas-setor-publico,70003965369#:~:text=Contas%20do%20setor%20p%C3%BAblico%20fecham,ap%C3%B3s%20sete%20anos%20%2D%20Economia%20%2D%20Estad%C3%A3o

Fonte:https://agenciabrasil.ebc.com.br/economia/noticia/2022-01/caged-brasil-gerou-27-milhoes-de-empregos-formais-em-2021

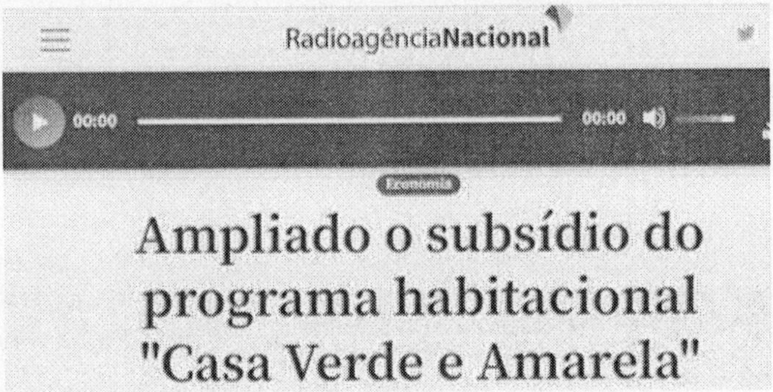

Fonte:https://agenciabrasil.ebc.com.br/radioagencia-nacional/economia/audio/2022-02/ampliado-o-subsidio-do-programa-habitacional-casa-verde-e-amarela#:~:text=A%20partir%20de%20agora%20o,mil%20para%20R%24%2055%20mil

g1 ECONOMIA

fique por dentro Eleições Will Smith pede desculpas Restituiçã

Investimentos estrangeiros diretos sobem 35% em janeiro e somam US$ 4,7 bilhões, diz BC

Entrada de dólares no país tem levado à queda no valor da moeda norte-americana, que acumula desvalorização de 9,39% em 2022.

Por Alexandro Martello, g1 — Brasília

23/02/2022 10h08 · Atualizado há 5 meses

Fonte:https://g1.globo.com/economia/noticia/2022/02/23/investimentos-estrangeiros-diretos-sobem-35percent-em-janeiro-mostra-bc.ghtml

Opa, opa, opa... essa última aí é interessante. Se o investidor estrangeiro está trazendo seus recursos para o Brasil, será que a situação do país está tão ruim assim como é propagado internamente?

O mundo vindo para o Brasil e você pensando em deixar o país? Está vendo a importância de observar o contexto?!

Digo mais, quando há conflito (guerras, atentados, manifestações sociais agressivas), os investidores tendem a buscar fontes seguras para seus recursos e o Brasil é um desses locais.

Deixa-me abrir parênteses nas boas notícias, pois, ao falar em guerra, me lembrei de mais alguns episódios relacionados às Forças Armadas brasileiras. Brasileiro é muito criativo e brincalhão, e tudo acaba virando piada nas redes sociais. Com as Forças Armadas não foi diferente.

No entanto, as piadas, mais uma vez, evidenciam o sentimento intrínseco do cidadão (o complexo de vira-lata), pois muitas imagens e vídeos de "lambanças" de soldados ao manusear armas em operação, carros tanques antigos saindo fumaça, entre outros, viraram meme durante o conflito entre Rússia e Ucrânia, fazendo relação do eventual fiasco que seria a nossa participação.

Não menosprezem nossos guardiões! A gente não conhece o potencial desses soldados (ainda bem), justamente porque não os vemos em combate. Vivemos em um local abençoado pela paz!

No entanto, sugiro que vejam um vídeo[57] no YouTube denominado: "O DIA QUE PILOTOS DE CAÇA DA FAB HUMILHARAM FRANCESES EM COMBATE AÉREO SIMULADO ENTRE CAÇAS MIRAGE".

Basicamente, o relato conta como foi o exercício entre pilotos brasileiros que mesmo com equipamentos inferiores aos dos franceses conseguiram êxito na atividade, ou seja, trata-se de uma demonstração do incrível potencial da nossa gente em fazer mais com menos...

Mas vamos finalizar com uma última "notícia secreta":

57.https://www.youtube.com/watch?v=Ew1qGXbOF1g&ab_channel=TopMilitarLHB.

g1 ECONOMIA

fique por dentro Eleições Will Smith pede desculpas Restituiçã

Contas públicas registram superávit acima de R$ 100 bilhões pela primeira vez em janeiro

Resultado foi divulgado pelo Banco Central. Valor abrange governo federal, estados, municípios e estatais. Até então, maior saldo positivo havia sido registrado em janeiro de 2021 (R$ 58,3 bi).

Fonte:https://g1.globo.com/economia/noticia/2022/02/25/superavit-das-contas-publicas-supera-r-100-bilhoes-pela-1a-vez-na-historia-em-janeiro.ghtml

A gente tem uma espécie de "cultura de futebol". Tudo vira um movimento de torcida organizada. Um lado contra o outro (até por isso, acho que o interessante, para apaziguar a esfera política, deveria ser a migração para um sistema parlamentarista e tirar a figura do presidente, que representa um poder de determinado lado).

Enfim, enquanto isso, cabe a nós perceber que passou da hora de entendermos que o país é de todos, mas principalmente nosso, dos brasileiros! Temos que refletir e passar a acreditar nas potencialidades, deixar de ser um tanto quanto egoístas (quando se trata daqueles que têm interesses na degradação do país visando ambições próprias) e pensar no coletivo, que todos podem se beneficiar quando se tem menos corrupção e mais foco na cobrança dos políticos por esse comprometimento com o país, com o dinheiro do seu povo.

Por exemplo, Mano Brown (um respeitado rapper e compositor brasileiro), que por sinal também admiro, é declaradamente um militante da esquerda. Ok! Em algumas de suas entrevistas recentes, ele ratifica sua admiração pelos ex-presidentes Lula e Dilma (Dilma afastada por *impeachment* e Lula preso por corrupção), justificando esse posicionamento por considerar que o governo desses, foi um período em que "eles ajudaram muita gente pobre".

O Hip Hop é uma cultura, um movimento que nasceu nas favelas e que manifesta um protesto social, principalmente contra o racismo e a desigualdade social. Isso posto, obviamente há uma tendência de pessoas desse movimento aderirem aos discursos dos políticos de esquerda. No entanto, isso não pode representar uma carta branca para esses políticos fazerem o que quiserem e ainda serem apoiados por isso (independente das suas ações).

Aonde quero chegar?

Os governos dos referidos ex-presidentes do PT (Partido dos Trabalhadores) foram considerados os mais corruptos da história mundial, com desvios de bilhões de dólares, inclusive financiando movimentos e obras em outros países e deixando o país e empresas estatais com dívidas astronômicas.

Quando você tem o poder de cobrar, as pessoas da sua comunidade (e de fora da sua comunidade) lhe ouvem e respeitam, você tem o dever de ser o que se propôs a ser. No caso do Mano Brown, ser um rapper. Isso significa que deve "manifestar-se num protesto social, principalmente contra o racismo e a desigualdade social".

A partir do momento em que um governo desvia dinheiro, alimenta corrupção e propina, enfraquece o Estado e prol de ambições pessoais, convenhamos, está tirando de quem? Do pobre, claro! Esse que depende do dinheiro público, daquilo que é arrecadado através de impostos. Os ricos sofrem muito pouco, ou são poucos os ricos que sofrem com lambanças do governo.

O movimento da sociedade (independente da sua "torcida") deve ser por cobrar do governo que use corretamente os recursos públicos. A conta é simples. Se bem gerido o que é arrecadado em impostos, poderemos cobrar por condições melhores para a sociedade.

É muito fácil para o gestor falar que o país está quebrado, que não se tem dinheiro, e manter um povo refém de auxílios sociais de R$ 300,00 por mês (isso escraviza).

Não é contra o movimento de esquerda ou de direita, é sobre o movimento que defende corruptos baseado na tese de que é o melhor para o povo. Defenda o movimento, mas com pessoas diferentes daquelas que traíram a confiança dos que acreditaram no discurso e nos respectivos princípios.

Busque alternativas através de novos candidatos comprometidos com a sua causa, mas, principalmente, comprometidos com respeito ao dinheiro do nosso país. Simples assim.

Defender políticos corruptos (como já ouvi), alegando que a corrupção foi a forma de "comprar votos" no Legislativo e no Judiciário para manter a "agenda social", é um tanto quanto controverso (para não dizer que é infantil, pois conta com a "ingenuidade" de quem os escuta).

Vai um pouco além disso. Vai em direção à sua capacidade de conseguir descolar da polarização para poder enxergar o que está acontecendo e, o mais importante, o que estão pretendendo os líderes globais (políticos, mídias de massa, grandes empresários etc.).

Um dos âncoras do "Planeta Podcast", Humberto Rosso, sempre cita a música "The Fence" do multiprofissional australiano Tim Minchin quando o tema "polarização política" emerge em seu programa. Basicamente, ele resume a mensagem da melodia dizendo que ***"não há nada de errado em estar em cima do muro, muito pelo contrário. Estando em cima do muro, você consegue enxergar além dos dois lados. Você consegue enxergar muitas outras possibilidades".***

Como em todo o planeta, é necessária a união do povo para lutar pela verdade na comunicação e na política. No Brasil não é diferente, mas o problema vai além dessa questão. Precisamos abrir os olhos para enxergar a realidade e lutar pela valorização do nosso povo e do nosso país. Não permita que coloquem uns contra os outros com um único objetivo: Poder! Não o seu, mas os deles, os políticos e naqueles que os apoiam e se favorecem desse cenário.

Nesse contexto, são facilmente identificáveis a hipocrisia e os egoísmos em certas "manifestações de classe". Para ilustrar na sua cabeça esse ponto, imagine que você seja um relojoeiro, chega um exemplar automático para uma manutenção, pois esse parou de funcionar.

Quando o você abre o relógio para procurar o defeito, se depara com uma série de engrenagens, que se sobrepõem a outras engrenagens e a mais um monte de outras peças (***"Relógios Automáticos utilizam muitas peças em seu maquinário (chamado também de calibre, máquina, coração, movimento, maquinismo, propulsor). Facilmente atingem as 180 peças, podendo chegar a mais de 730 em alguns modelos"***[58]). Quando uma peça (novamente: ***"uma peça"***) para de funcionar, compromete todo o sistema.

A sociedade como conhecemos hoje levou milhares de anos para se adequar. E não temos "só" 730 peças como o relógio. Somos milhões de vezes mais complexos porque somos bilhões de

58.blogthaurorelogios.com.br.

peças (bilhões de pessoas) cheias de variáveis morais e sociais que ampliam vertiginosamente essas variáveis.

Essas “engrenagens sociais”, isto é, cada um de nós e nossos respectivos grupos, com o tempo foram se ajeitando para vivermos de forma minimamente harmônica e funcional (que funciona!).

Então, quando um grupo se manifesta, se autointitulando como “muito importante para a sociedade”, ele está correto! No entanto, se está usando esse argumento para reivindicar algo para si, deve-se ter cuidado, pois pode estar sendo arrogante, hipócrita e, principalmente, demonstrar não ter um mínimo de consciência coletiva e conhecimento do que é uma sociedade.

Por exemplo: há algum tempo, em uma paralisação dos caminhoneiros reivindicando melhores valores dos fretes e queda no preço do diesel, o grupo gerou o caos em várias áreas da sociedade. Desde postos que ficaram sem combustíveis até hospitais que ficaram sem insumos.

Imagine o efeito desse desabastecimento em cadeia (no efeito dominó).

Com a percepção do caos, logo surgiu o slogan: ***“sem caminhão o Brasil para”.***

Como no relógio, quando uma engrenagem não funciona, o conjunto todo sofre e até colapsa. Imagine qualquer parte da sociedade parando de atuar na sua respetiva função, independentemente de salário (altíssimo ou muito baixo) e projete as consequências que isso pode gerar.

O lixeiro, o médico, motorista de ônibus, o controlador de voo, enfim... a sociedade é um conjunto de peças interdependentes. Somos todos fundamentais para o bom funcionamento da máquina.

Eu, particularmente, considero o "ser humano" e a nossa sociedade ainda em maturação (na adolescência de sua existência) quando o comparamos a outros seres vivos do nosso planeta; por estar nessa fase, tem seu comportamento rebelde (como todo adolescente). Mas esse é um outro assunto bem mais complexo e que trato em outro livro de 300 páginas. O importante é que você perceba que fazemos parte de um contexto e que você e seu respectivo grupo são tão importantes quanto o grupo que você eventualmente apontaria o dedo para criticar. Pense nisso!

Novamente. Isso não é um "privilégio" do Brasil. Todos os países no mundo sofrem com esses tipos de problema, mas não vamos valorizar os problemas! Afinal, somos humanos... O ponto é: o quanto você é capaz de discernir, descolar daquilo que é comunicado (e até imposto) a ponto de permitir que você seja capaz de identificar as coisas positivas e enaltecer as nossas qualidades (de país, de instituições, de competência e de pessoas extraordinárias)?

Pense! Muitas vezes, esses movimentos têm motivação política, interesses em "poder", de grupos que se beneficiam criando nichos sociais (brigas entre grupos). Aquela história: criar dificuldade para vender facilidade.

Não é um discurso que visa enfraquecer movimentos. Muito pelo contrário. Para continuarmos evoluindo como sociedade, sairmos dessa adolescência existencial para um patamar acima, precisamos continuar a agir, mas sem ser manipulados.

Desde o começo desse livro, a intenção sempre foi de abrir os seus olhos para você pensar e agir baseado em análise de dados e não ser uma marionete.

Temos um potencial muito grande, mas pouco valorizado. Muito disso é fruto daquilo que a gente replica de forma inconsequente (e, na maioria das vezes, de forma inconsciente. Manipulado.).

O Brasil é um país caloroso, amigável, de portas abertas para pessoas do mundo todo. Diferentemente da maioria das nações, nós gostamos de estrangeiros. Aproveite! Mas não denigra! Valorize!

Não precisa muita coisa, apenas evidenciar a verdade sobre o que somos, o que temos, e a nossa grande capacidade de fazer (e muito bem), qualquer coisa!

Aqui é Brasil, Po%$#%$@#$!!!!!

Letras do Pensamento